22,99 €/ 2000

BWL 16 ITT

gelöscht

1 3. Dez. 2018

Business Angel Hansi Hansmann

Lisa Ittner · Florian Novak

Business Angel Hansi Hansmann

Das Erfolgsgeheimnis hinter runtastic, shpock, mySugr und vielen anderen Start-ups

Lisa Ittner
Wien, Österreich

Florian Novak
Wien, Österreich

ISBN 978-3-658-21381-7   ISBN 978-3-658-21382-4 (eBook)
https://doi.org/10.1007/978-3-658-21382-4

Die Deutsche Nationalbibliothek verzeichnet diese Publikation in der Deutschen Nationalbibliografie; detaillierte bibliografische Daten sind im Internet über http://dnb.d-nb.de abrufbar.

© Springer Fachmedien Wiesbaden GmbH, ein Teil von Springer Nature 2018
Das Werk einschließlich aller seiner Teile ist urheberrechtlich geschützt. Jede Verwertung, die nicht ausdrücklich vom Urheberrechtsgesetz zugelassen ist, bedarf der vorherigen Zustimmung des Verlags. Das gilt insbesondere für Vervielfältigungen, Bearbeitungen, Übersetzungen, Mikroverfilmungen und die Einspeicherung und Verarbeitung in elektronischen Systemen.
Die Wiedergabe von Gebrauchsnamen, Handelsnamen, Warenbezeichnungen usw. in diesem Werk berechtigt auch ohne besondere Kennzeichnung nicht zu der Annahme, dass solche Namen im Sinne der Warenzeichen- und Markenschutz-Gesetzgebung als frei zu betrachten wären und daher von jedermann benutzt werden dürften.
Der Verlag, die Autoren und die Herausgeber gehen davon aus, dass die Angaben und Informationen in diesem Werk zum Zeitpunkt der Veröffentlichung vollständig und korrekt sind. Weder der Verlag noch die Autoren oder die Herausgeber übernehmen, ausdrücklich oder implizit, Gewähr für den Inhalt des Werkes, etwaige Fehler oder Äußerungen. Der Verlag bleibt im Hinblick auf geografische Zuordnungen und Gebietsbezeichnungen in veröffentlichten Karten und Institutionsadressen neutral.

Titelfoto: © Gregor Kuntscher

Gedruckt auf säurefreiem und chlorfrei gebleichtem Papier

Springer ist ein Imprint der eingetragenen Gesellschaft Springer Fachmedien Wiesbaden GmbH und ist ein Teil von Springer Nature
Die Anschrift der Gesellschaft ist: Abraham-Lincoln-Str. 46, 65189 Wiesbaden, Germany

*Geld ist im Prinzip völlig sinnlos und nutzlos,
außer man verwendet es.*
Dr. Johann „Hansi" Hansmann

Vorwort von Hansi Hansmann

Da schreibt doch echt wer ein Buch über mich, kaum zu glauben. Als mir Lisa Ittner und Florian Novak den Vorschlag gemacht haben, war ich schon ein wenig skeptisch. Eigentlich mach ich doch nichts Besonderes, sondern den ganzen Tag Dinge, die mir Spaß machen – meistens zumindest.

Es macht mir Spaß, was Neues zu machen.
Es macht mir Spaß, zu spielen.
Es macht mir Spaß, zu gewinnen.
Es macht mir Spaß, zu reden und zu überzeugen.
Und: Es macht mir großen Spaß, mit fähigen jungen Leuten zusammen zu sein, die ich mag.

Wo kann ich das besser vereinen als in einem Start-up?

Da geht's mir um ‚Neues machen', Innovation und Disruption zu erleben, um ‚Spielen', dabei die Regeln verstehen und besser als andere sein zu wollen, um ‚Gewinnen' im Sinne eines nachhaltigen Cashflows, in schwarze Zahlen zu kommen und/oder einen Exit zu machen, um viel ‚Reden und Überzeugen' – insbesondere Gründer, Mitarbeiter, Kunden, Investoren, Käufer – und dabei bin ich dauernd mit fähigen Leuten zusammen, die ich mag: ‚meine' Gründer! Ohne sie geht nämlich sonst nichts von all diesen Dingen.

So gesehen ist meine Tätigkeit als Business Angel wohl nichts anderes als die logische Entwicklung einer langen beruflichen Laufbahn.

Ich war Angestellter in einer kleinen Elektronikfirma (in den 70er Jahren), ich war leitender Angestellter in einem Riesenkonzern, ich war internationaler ‚Top Executive' in einem multinationalen Pharmaunternehmen, ich war mehrfacher Firmengründer und Unternehmer, ich war Finanzinvestor – und am Ende meiner Laufbahn mach ich schließlich das, wofür ich mich gefühlt mein ganzes Leben lang vorbereitet habe: Ich bin Business Angel.

Als Business Angel kann ich – im Gegensatz zu den Gründern, die sich auf ein einziges Projekt fokussieren müssen – auf mehreren Hochzeiten gleichzeitig tanzen. Weil ich an vielen Start-ups beteiligt bin und die Gründer unterstütze, kann ich Freud und Leid des Unternehmertums, wichtige Momente, strategische Entscheidungsfindungen, große Krisen und enorme Erfolgserlebnisse in großer Anzahl, ja fast jeden Tag, erleben. Ich beobachte hautnah, wie sich junge Menschen in kurzer Zeit zu starken Persönlichkeiten entwickeln, und ich kann sie dabei unterstützen und helfen, ihre Potenziale zu heben.

Das ist unbezahlbar.

Neben meiner Geldinvestition gebe ich daher meine ganze Kraft und Substanz in die enge Zusammenarbeit mit den Start-ups, ich bin praktisch immer für die Gründer erreichbar, wenn sie mich wirklich brauchen – das ist wohl das Mindeste, was sie von mir erwarten können. Ich bekomme so viel von ihnen zurück. Und wenn das auch noch zusätzlich in Form eines Exits passiert, dann ist das natürlich besonders cool!

Wenn dieses Buch ein paar Leuten bei der Entscheidung hilft, sich – langsam und vorsichtig – als Business Angel zu betätigen, die erfolgreiche Zusammenarbeit mit jungen Unternehmern oder Unternehmen zu erleichtern und gemeinsam radikale Innovationen voranzutreiben, dann hat sich dieses Schriftstück noch mehr gelohnt. Und wenn dieses Buch dazu beiträgt, dass sich ein paar mehr Leute dazu entscheiden, mit ihrer Idee ein Start-up zu gründen und unternehmerisch tätig zu werden – dann bin ich mehr als happy! Danke an alle ‚meine' Gründer für ihre Leidenschaft, ihren unablässigen Einsatz, ihre Professionalität und dafür, dass sie mir ermöglichen, an so vielen schönen und spannenden Momenten teilzuhaben!

Inhaltsverzeichnis

1 Der Weg zum Business Angel oder: Über Niederlagen und Erfolge und warum es für alles eine Lösung gibt   1

2 Engel mit Eigenschaften oder: Warum Hansmanns Hauptmotivation nicht ist, Geld zu verdienen   9

3 Das passende Angel-Projekt oder: Von Schmerzen und Megatrends   25

4 „Drum prüfe, wer sich (ewig) bindet" oder: Warum ein gemeinsames Mindset oft wichtiger ist als das eigentliche Produkt   43

5	Über den Faktor Zeit: Warum Timing alles ist – und es nur selten Sinn macht, ausschließlich auf organisches Wachstum zu setzen	61
6	Warum Zahlen in einem Businessplan relativ irrelevant sind – und was wirklich zählt	67
7	Finanzierungsbedarf oder: Warum Start-ups immer im Fundraising sind	75
8	„My fair share" – Wie Hansmann seinen Anteil am Unternehmen bewertet	83
9	Der Beteiligungsvertrag: Was Hansmann bei der Vertragsgestaltung wichtig ist	93
10	Warum Hansmann nur sein eigenes Geld investiert	103
11	Die Anschlussfinanzierung	109
12	Von Unternehmern als Shareholder und Manager	117

13	Hansmann, eine One-Man-Show oder: Selbstorganisation ist alles – im Kreise der Angel-Familie	123
14	Interview mit Dr. Johann „Hansi" Hansmann	129

Das Autoren-Team bedankt sich   141

1

Der Weg zum Business Angel oder: Über Niederlagen und Erfolge und warum es für alles eine Lösung gibt

Dr. Johann Hansmann, sowohl von Freunden als auch von Geschäftspartnern gerne „Hansi" genannt, ist ein Zahlenmensch. Er liebt es, zu gewinnen, und vor allem, mit Menschen zusammenzuarbeiten, die er mag. Er ist Investor und Unternehmer, ein Business Angel mit einem besonderen Gespür für erfolgreiche Start-ups. Mittlerweile ist er an über 40 europäischen Unternehmen beteiligt, mehr als die Hälfte davon im Rahmen seiner „Hansmen Group" (www.hansmengroup.com). Mit seinen Investments und Exits mit Bewertungen im dreistelligen Millionenbereich hat er bereits Rekorde gebrochen und

Auszeichnungen wie „Best European Early Stage Investor" erreicht[1]. Hansmanns Selbstbild ist das des erfahrenen Mannes, „der den Jungen auf die Sprünge hilft". Einem breiteren Publikum in Österreich wurde er durch seine Teilnahme in der Jury der Start-up-Show „2 Minuten, 2 Millionen" im Privat-TV bekannt, bei der Jungunternehmer ihre Businesskonzepte präsentieren, um Investoren zu überzeugen. Außerdem ist er ehrenamtlich als Präsident der von ihm mitgestalteten Austrian Angel Investors Association – AAIA (www.aaia.at), eines privaten Netzwerks und Interessenverbandes, aktiv. Mit seinem frühen Engagement bei ‚Pioneers' im Jahr 2011 hat er mitgeholfen, einen der größten Treiber der österreichischen Start-up-Szene auf die Beine zu stellen. Heute ist das Pioneers Festival, das jährlich in der Wiener Hofburg stattfindet, aus der europäischen Gründer-Landschaft nicht mehr wegzudenken.

Dr. Johann „Hansi" Hansmann wird 1951 in Wien geboren. Drei seiner vier Großeltern kommen aus Tschechien und Ungarn. Mit seinem Vater, Chef der Patent- und Rechtsabteilung bei der Gleisbaumaschinenfirma Plasser & Theurer, steht er in einem ständigen Wettbewerb, sei es beim Sport oder beim Lösen von Kreuzworträtseln. Dass das Leben alles andere als eine „g'mahte Wies'n" ist, sei eine der wichtigsten Lektionen in dieser Zeit gewesen. Hansmann: „Ich habe von meinem Vater viel gelernt. Dass Diskutieren und Verhandeln, dass Privat und Beruf oft eins sind. Und auch, dass man

---

[1] http://www.eban.org/eban-2015-awards-winners.

offensichtlich Dinge so lange drehen und wenden kann, bis sie ganz anders aussehen."

Hansmann absolviert die Maschinenbau-HTL und das Studium der Wirtschaftswissenschaften in Wien. Für seinen ersten Job bei einem Unternehmen in Vorarlberg, das elektronische Prozesssteuerungen für die Leder verarbeitende Industrie entwickelt, entscheidet er sich für eine ungewöhnliche Idee. Er schaltet sein eigenes Kleininserat in der Tageszeitung: „Junger dynamischer Managertyp sucht Herausforderung!" – und bekommt den Job. In dem Unternehmen baut er die Marketing- und Vertriebsabteilung auf und verkauft Produkte im deutschsprachigen Raum.

Nach einiger Zeit wechselt er zu einer Tochterfirma von Shell, wo er als Finanzchef das neue zusätzliche Geschäft mit Waschmittel, Putzmittel und Fliegenfangklebestreifen als alternatives Geschäftsfeld nach der ersten großen Mineralölkrise leitet.

Hansmann will sein Einkommen verbessern und landet beim österreichischen Ableger des britischen Pharmakonzerns Wellcome. Als ihm bald das Pendeln in seiner Position als Area Manager im deutschsprachigen Raum zu mühsam wird, organisiert er sich die Rolle als General Manager von Wellcome in Spanien – zu Spanien hatte er schon zeitlebens eine Affinität.

Bei der Übernahme des Unternehmens Wellcome durch den Pharmariesen Glaxo wittert Hansmann eine Geschäftschance und kauft für 1 Euro das zweite – nach der Fusion überflüssig gewordene – Produktionswerk mit mehr als 300 Mitarbeitern. Der frisch fusionierte Pharmariese erspart sich damit teure Schließungskosten. Mit 43 Jahren ist Hansmann erstmals „Jung"-Unternehmer.

Aus politischen Gründen muss er die spanischen Kollegen, den Produktions- und den Personalchef, für den Deal mit an Bord holen, mit denen er nach eigenen Angaben von Anfang an kein gutes Arbeitsverhältnis hat. Als Miteigentümer und CEO baut er in wenigen Jahren eine kleine, aber feine Pharmagruppe mit mehr als 800 Mitarbeitern auf. Er will das Unternehmen verkaufen und holt dafür zunächst mit 40 % einen Finanzinvestor an Bord. Die Frist für die Kaufangebote aus Übersee legt er auf den 11. September 2001. Als das zweite Flugzeug an diesem Tag ins World Trade Center rast, sagt ein US-Interessent nach dem anderen den Deal ab. Für Hansmann bedeutet das „zurück an den Start". Er muss in einem langen und mühsamen Prozess von zwei Jahren sein unternehmerisches Reich in kleine einzelne Stücke zerlegen, um den Verkaufsprozess abzuschließen – bis auf das Produktionswerk, das wollen seine Partner unbedingt erhalten. So hält Hansmann nach dem Verkauf nur noch seine Anteile an dem Werk und gibt dort alle Management-Funktionen zurück.

Damit ihm nicht langweilig wird, beginnt er in zahlreiche kleinere Unternehmen zu investieren. So auch in ein Sportrestaurant mit 150 TV-Bildschirmen im Zentrum von Madrid, er beschäftigt dabei 120 Mitarbeiter. Das Konzept aus Argentinien funktioniert allerdings in Spanien nicht, Hansmann versenkt mit seinem Partner einige Millionen Euro. So sind Niederlagen für ihn heute Teil des Erfolgs geworden. Inzwischen weiß er in holprigen Situationen gelassen zu bleiben, nach dem Motto: „Es gibt für alles eine Lösung".

Mit glücklichem Timing kann er 2007 noch knapp vor der Wirtschaftskrise seine Produktionswerks-Anteile und sein Haus in Madrid verkaufen. Spanien lässt ihn aber noch nicht los: 2008, nach dem plötzlichen Tod seines Partners, agiert er im Produktionswerk zunächst für ein paar Tage, dann aber doch weitere acht Monate lang wieder als General Manager im Unternehmen.

„Das Herumwerken in einem großen Unternehmen, das brauche ich heute nicht mehr", resümiert Hansmann im Nachhinein. Nach 18 Jahren im Ausland kehrt Hansmann wieder nach Wien zurück. Für ihn ist aber klar: „Ich muss wieder etwas unternehmen, sonst wird mir höllisch langweilig." So investiert er 2010 in das Sprachportal „busuu", deren österreichische Gründer er zufällig in Spanien kennen gelernt hatte. Der Beginn seines neuen Lebens als Business Angel.

Die Hansmanns Investments

Hansmann ist bereits an über siebzig Unternehmen beteiligt gewesen, derzeit hält er über vierzig Beteiligungen. Mehr als 350 Transaktionen – wie Kapitalerhöhungen, Umstrukturierungen, Finanzierungen, Käufe und Verkäufe hat er seit seinen Anfängen als Business Angel in 2010 durchgeführt und zählt inzwischen 21 erfolgreiche Exits. Seine Lead-Investments versammelt er unter einer eigenen Dachmarke: Der Hansmen Group.

Die Hansmen Group ist eine Gruppe von Start-ups, die gemeinsame Werte, ähnliche Ziele und alle den gleichen Business Angel teilen. Eine Unternehmensgruppe mit einer unglaublichen Performance, in der all jene Investments, bei denen Hansmann im Lead ist, zusammengefasst sind.
www.hansmengroup.com
Fresh. Global. Disruptive.
Liste der Unternehmen (Stand: Mai 2018):
myclubs, Waytation, Mimo, journi, cashpresso, B-wom, Swell, store.me, Playbrush, kiweno, Anyline, consentiv, LineMetrics, tractive, WatchFit, runtastic, mySugr, Pioneers, Northcote, whatchado, shpock, Diagnosia, mediclass, durchblicker, busuu, RENÉSIM.

Hansmanns Start-up-Investments im Überblick[2]

Investmenthöhe: 25.000 – 75.000 EUR
Discovering Hands, Marktwirtschaft, Heroes

Investmenthöhe: 75.000 – 200.000 EUR
Shpock, Consentiv, MyClubs, Rublys, Holvi, Vamida, Techbold, Juno

---

[2]Vgl. auch https://www.derbrutkasten.com/a/hansiklopaedie-40-startups-hansi-hansmann-ueberblick, abgerufen am 27.12.2017.

Investmenthöhe: 200.000 – 500.000 EUR

Whatchado, Busuu, Journi, Diagnosia, Anyline, Durchblicker, Pioneers, Kiweno, B-Wom, Swell, store.me, Watchfit, Playbrush, Cashpresso, Tractive, Mimo, Radio LoungeFM, Waytation, Kochabo (gekauft von Marley Spoon), Iyzico, Neovoltaic, Seinfeld (Marke Northcote), Helioz

Investmenthöhe: 500.000 – 1.000.000 EUR
MySugar, Linemetrics, Dynamic Perspective

Investmenthöhe: > 1.000.000 EUR
Runtastic, Renesim, Mediclass

2

Engel mit Eigenschaften oder: Warum Hansmanns Hauptmotivation nicht ist, Geld zu verdienen

Was einen erfolgreichen Business Angel auszeichnet? Hansi Hansmann vermag auf den ersten Blick mit seiner Antwort zu überraschen, wenn er die aus seiner Sicht wichtigen Voraussetzungen für einen Business Angel aufzählt: Er spricht dabei gerne von der „Liebe zu Menschen" und von der unerschütterlichen Vertrauensbasis zum Gründerteam, die er als die entscheidenden Komponenten auf dem Weg zum gemeinsamen Erfolg bezeichnet. Mag das für manche pathetisch klingen, ist es für Hansmann eines seiner Erfolgsgeheimnisse.

Sein persönliches Motiv, in Start-ups zu investieren, ist, wie sehr er es genießt und zu schätzen weiß, mit „jungen Leuten etwas gemeinsam aufzubauen; etwas, das es so vorher noch nie gegeben hat". Sein persönliches „Geschäftsmodell" ist laut Eigenangaben, Potenziale zu erkennen, diese zu fördern und jungen Unternehmern „dabei zu helfen, ihre eigenen Ressourcen noch besser zu nutzen". Dabei gemeinsam Erfolge zu erzielen und Spaß zu haben, sei Teil des Ganzen, ergänzt er gerne mit einem verschmitzten Lächeln.

Und Hansmann stellt klar: Für ihn ist die Hauptmotivation nicht, Geld zu verdienen. Natürlich gilt auch für ihn: Geld zu verdienen ist im Idealfall eine Konsequenz daraus, dass man „die Sache mit den richtigen Leuten gut macht" – oft auch in Verbindung mit dem berühmten Quäntchen Glück. Für Hansmann zeigt ein erfolgreicher Verkauf des Unternehmens, dass man sozusagen „das Spiel gewonnen hat". Bei seinen Gründern achtet er dabei auf eine ähnliche Motivation. Jene, deren Hauptmotivation es ist, viel Geld zu verdienen, sehen meist nicht den langen Weg und die intensive Arbeit, die dabei noch vor ihnen liegt. Dabei präzisiert Hansmann: Klar, fair und legitim ist, dass die Gründer natürlich auch Geld verdienen wollen, das sollen sie auch. Nur: Wenn das Geldverdienen die absolute Hauptmotivation ist, dann funktioniert es aus seiner Sicht im Regelfall nicht. Eine seiner Lektionen: Es hat sich bewährt, in Gründer zu investieren, die in erster Linie ein Problem lösen wollen, unter dem sie selber – oder jemand aus ihrem Umkreis – leiden, und die eine größere Vision verfolgen.

Warum für einen Business Angel die Vertrauensbasis eine Schlüsselkomponente ist? Während für den klassischen Finanzinvestor die penible Einhaltung des Businessplans wohl mehr zählt als das Vertrauen, versucht Hansmann eine Ebene zu etablieren, dass „die Gründer das Gefühl haben, dass sie mir wirklich jedes echte

Problem erzählen können". Sein Ansatz ist, von den Gründern als Mitgründer behandelt werden zu wollen, auch um rechtzeitig vertrauensvoll informiert zu werden und um Probleme gemeinsam zu lösen, bevor diese verschleiert werden und sich zu spät als unlösbar herausstellen.

Selbstverständlich bilden auch ein grundsätzliches Geschäftsverständnis und berufliche Erfahrung weitere Faktoren für einen erfolgreichen Business Angel: Je mehr man mit Gründern zu tun gehabt hat, je mehr Probleme man bei aufstrebenden Unternehmen gesehen hat, desto mehr weiß man auch auftretende Barrieren besser einzuschätzen. Hansmanns Rat: Die Erfahrung als „Angel" verbessert sich auch durch den Austausch mit anderen Business Angels etwa in gemeinsamen Netzwerken, wie bei der AAIA – Austrian Angel Investors Association oder bei eban – dem Europäischen Business Angel Netzwerk. Oft ist es auch sinnvoll, sich bei größeren Investments mit anderen Business Angels zusammenzuschließen, um gemeinsam und aufeinander abgestimmt einen größeren Betrag „aufzustellen" und die jeweiligen Stärken aller beteiligten Angels zu nutzen. Grundsätzlich gilt auch für Business Angels: Versuch und Irrtum sind die besten Lehrmeister.

Ein Gefühl für Zahlen und eine Portion Hausverstand hat einem Business Angel bisher ebenso wenig zum Nachteil gereicht wie ein gewisses Verhandlungsgeschick. Hansmann setzt außerdem auch auf einen Spieltrieb, der einem erlaubt, auch Spaß zu haben und vielleicht nicht jeden Rückschlag bitterernst zu erleben.

Unabdingbar sind Finanzierungsreserven. Hansmann empfiehlt: Wer als Business Angel investiert, sollte auf jeden Fall mindestens noch einmal dieselbe Summe Geld auf der Seite haben, auch um bei Bedarf zwischenfinanzieren zu können. O-Ton Hansmann: „Es macht keinen Sinn, 200.000 EUR zu investieren und nach eineinhalb Jahren ist das Geld ausgegeben und man schafft es nicht, die nächste Finanzierungsrunde zeitgerecht zu organisieren, obwohl man nach wie vor an das Start-up glaubt."

Idealerweise agiert ein Business Angel auf Augenhöhe mit den Co-Gründern eines neuen Projekts und treibt – meist in der frühen Phase des Unternehmens – gemeinsam mit den Gründern die Entwicklung der Produktidee voran. Mit seiner im Vergleich oft jahrelangen Erfahrung und seinem Netzwerk agiert ein guter Business Angel als Berater, Coach, Unterstützer und Türöffner für das Gründerteam und investiert mehr als „nur" Geld. In die für ihn zu Beginn seiner Investorentätigkeit „neue Rolle als Business Angel" hineinzufinden, sei auch für Hansmann eine echte Herausforderung gewesen: Als Führungskraft in der Pharmabranche, die für bis zu 800 Personen verantwortlich war, musste auch er erst lernen, sich bei den Unternehmensgründungen operativ zurückzunehmen und in die Rolle als Berater und Coach zu finden. Heute verfolgt er klare Vorstellungen: „Ich sehe mich als Begleiter und stehe mit Rat zur Seite, aber nur in einem Ausmaß, wie das Start-up es will und sucht." Die letztendliche Entscheidung treffen im Regelfall die operativ Verantwortlichen. „Da kann es schon sein, dass sie auch manchmal anrennen müssen", setzt Hansmann auch bewusst auf Lerneffekte. Häufig zurate gezogen wird er von den Gründern zum Beispiel beim Rekrutieren von Schlüssel-Führungskräften.

Für Hansmann steht bei seinen Engagements mehr die Freude am gemeinsamen Weiterentwickeln des Unternehmens im Vordergrund als die rasche Vervielfachung des investierten Geldes durch den schnellen Exit. Das trifft nicht nur auf Hansmann zu, sondern kann durchaus typisch für einen Business Angel sein. Im Unterschied dazu überwiegen beispielsweise bei einer typischen Venture-Capital-Beteiligung meist die rein finanziellen Motive – oft mit größeren Investitionssummen und dem grundsätzlichen Ziel eines Exits, um einen möglichst hohen Return on Investment (ROI) zu erzielen und weniger einen „FOI – Fun on Investment", wie Hansmann im Zusammenhang mit seinen Start-ups gerne zu sagen pflegt.

Die Gründe für diese Unterschiede sind vielfältig: Institutionelle Investoren verfolgen die Strategie, bei möglichst vielen unterschiedlichen Erfolg versprechenden Unternehmen zu investieren. Sie müssen die Verwendung des ihnen anvertrauten Geldes gegenüber Dritten rechtfertigen, benötigen vergleichsweise oft mehr Zeit für die Risikoprüfung von Übernahmeobjekten (die sogenannte Due Diligence) und Beschlüsse in Gremien, bevor sie eine verbindliche Entscheidung treffen können. Um den Erwartungen der Investoren möglichst zu entsprechen, wird (auch angesichts der Kosten für die Risikoprüfungen) nicht selten die Strategie verfolgt, erst ab bestimmten Größenordnungen und oft erst zu einem späteren Zeitpunkt zu investieren.

Demgegenüber ist ein Business Angel oft um einiges flexibler und weniger „äußeren" Faktoren ausgeliefert: Als Herr seines eigenen Geldes und oft ohne aufwendigen Personalapparat sind die persönliche Chemie und das Vertrauen in die Gründerpersönlichkeiten die wichtigeren Faktoren für die Entscheidung, auch bei Hansmann. Meist bedarf es dabei keiner Heerscharen an Beratern oder Prüfern und keiner Beschlüsse in Gremien, um überhaupt neue Unternehmen eingehend unter die Lupe zu nehmen oder um Verträge abzuschließen. Die zwischenmenschliche Komponente gepaart mit kurzen Entscheidungswegen und einer gezielten Auswahl des Unternehmens sowie die Bereitschaft auch zu einer langfristigen Denke sind eine der vielen Stärken eines Business Angels wie Hansmann. Dabei gilt: Flexibel angelegt, kann statt eines Exits auch eine langfristige Kapitalbeteiligung, die auf Dividenden- bzw. Zinszahlungen abzielt, für den Business Angel durchaus sinnvoll sein.

Die Erfahrung zeigt dabei: Der Business Angel ist im Idealfall ein – wenn nicht sogar der entscheidende – wohlwollender Begleiter auf dem Weg zur nächsten Finanzierungsrunde. Wie Hansi Hansmann schon oft bewiesen hat: Wenn ein Business Angel in ein Start-up involviert ist, steigt die Erfolgswahrscheinlichkeit.

Hansmann: „Meine Founder sind auch meine Freunde. Ich investiere in Leute, die mir sympathisch sind. Das klingt eventuell nicht so toll unter Return-on-Investment-Gesichtspunkten, aber wenn man es langfristig sieht, ist es genau das, was sich bewährt." Folgerichtig formuliert er als sein wichtiges Kriterium: „Mag ich die Leute?" Er würde niemals in ein unheimlich tolles Projekt investieren, dessen Gründer ihm aber nicht sympathisch sind: „Da ist mir egal, wie gut das Projekt ist."

Ein Business Angel ist wie ein guter Freund, der nicht nur in guten Zeiten da ist. Dass sich das auch bewähren kann, zeigt das Beispiel Shpock, eine App zum Kaufen und Verkaufen von gebrauchten Alltagsgegenständen. Die Entwickler hatten lange an einer Website gearbeitet, der Erfolg wollte und wollte sich aber nicht einstellen. Die Investoren der ersten Stunde bemerkten das Talent der Unternehmer, mussten aber der Wahrheit ins Auge blicken, dass das ursprüngliche Projekt einfach nicht abheben wollte. Eine intensive Diskussion gemeinsam mit den Gründern führte schließlich zum Kurswechsel: Statt einer Website wurde es eine App, die binnen kürzester Zeit zeigte, dass es dafür eine Nachfrage gab. Nur einige Jahre später konnten sich die Gründer – und mit ihnen die Investoren der ersten Stunde – von einem Teil ihrer Anteile zu einer Bewertung im dreistelligen Millionenbereich trennen. Hansmann: „Ein guter Business Angel geht mit den Gründern gemeinsam durch dick und dünn."

Die Self-Checkliste für den idealen Business Angel

- Verfüge ich über ein grundsätzliches Geschäftsverständnis und ausreichend berufliche Erfahrung?
- Verfüge ich über Geduld, um jungen Gründern auch mit Rat zur Seite stehen zu können?
- Habe ich ein Gefühl für Zahlen?
- Verfüge ich über Verhandlungsgeschick?
- Habe ich einen ausreichenden Spieltrieb, der mich nicht nur gewinnen lässt, sondern auch zulässt, dass ich nicht daran verzweifle, wenn ich das eine oder andere Mal verliere?

- Habe ich noch andere Motive für ein Investment als Geld verdienen zu wollen?
- Was kann ich neben Geld noch in das Start-up einbringen, z. B. Know-how oder mein Netzwerk?
- Ist mir die Vertrauensbasis mit den Gründern wichtiger als die Einhaltung des theoretischen Businessplans?
- Verfüge ich über ausreichende Finanzierungsreserven, bei denen ich bereit bin, gegebenenfalls nachzuschießen?

Viele der Gründer aus der Hansmann Gruppe, erklären in Interviews – jeweils am Ende eines Kapitels – wie sie die Zusammenarbeit mit Hansmann sehen. Wie ticken eigentlich die Gründer mit denen Hansmann so intensiv zusammenarbeitet? Wie sehen sie Hansmann?

Interview: busuu
Bernhard Niesner, Gründer

busuu – „Lerne neue Sprachen online" ist Hansmanns erstes Start-up Investment in 2010. Bernhard Niesner hat das Unternehmen 2008 gegründet und führt es immer noch erfolgreich in seiner Rolle als CEO.

Meine Motivation als Unternehmer ist ...
Etwas Einzigartiges umzusetzen.

Kann man Unternehmer sein lernen? Wenn ja, wie?
Es hilft sicherlich, wenn man von früh an Dinge organisiert: Sei es der Urlaub mit einer Gruppe von Freunden

oder Events in der Schule. Als Unternehmer sollte man auch über ein wirtschaftliches Basiswissen verfügen. Man sollte auch lernen, andere Menschen von Ideen oder Projekten zu überzeugen. Das Wichtigste am ‚Unternehmer-Sein' ist allerdings, es einfach mal zu machen und sich von Rückschlägen nicht abbringen zu lassen. Wenn man zu lange mit einer Idee zögert oder bei der ersten Hürde aufhört, ist man vermutlich nicht der richtige Typ für das Unternehmerleben.

Die wichtigsten Gründe, kein (!) Unternehmen zu gründen, sind …
Wenn man es nur für den finanziellen Erfolg macht. Wenn man sich nicht vorstellen kann, in dieser Industrie mehr als zehn Jahre zu arbeiten. Wenn man sich nicht vorstellen kann, mit den Gründungspartnern ein „ehe-ähnliches Leben", also rund um die Uhr zusammen über mehrere Jahre, zu führen.

Die wichtigsten Gründe, einen Business Angel an Bord zu nehmen, waren für mich …
Wir wollten jemanden, der uns als Mentor zur Seite steht und nicht nur als finanzieller Investor. Wir wollten eine ‚schnelle' Finanzierungsrunde mit einem Investor machen und nicht noch Monate in der Due Diligence mit institutionellen Investoren verbringen.

Meine Erwartung an einen Business Angel ist …
In guten wie auch in schlechten Zeiten einen unabhängigen und ehrlichen Rat zu geben.

Die wichtigste Eigenschaft eines Business Angels ist …
Geduld zu haben.

Die wichtigsten Gründe, Hansi Hansmann als Business Angel an Bord zu nehmen, waren …
Ein sympathischer, erfahrener Mentor und Freund. Ein echter Entrepreneur und nicht nur finanzieller Investor. Und: Er war schnell und gut beim Verhandeln.

Gelernt von Hansi Hansmann habe ich ….
Dass man finanziell extrem erfolgreich sein und trotzdem noch total am Boden bleiben kann. Dass man auch in schwierigen Momenten durchhalten muss und nach dem Regen wieder die Sonne scheint. Und dass man auch als Mid-60-Jähriger fitter sein kann als so mancher 20-Jährige.

Mein wichtigster Tipp für angehende Gründer ist …
Suche dir nur ein Projekt aus, für das du auch wirklich eine Leidenschaft hast.

Als Business Angel würde ich …
Versuchen, die gleiche coole Art beim Verhandeln zu haben wie der Hansi.

Die persönliche Chemie mit Hansi Hansmann stimmt, weil …
Er einfach ein bodenständiger und unglaublich smarter Kerl ist.

Für den Umgang mit Hansi Hansmann empfehle ich …
Sei du selbst.

Wichtige Fehler als Unternehmer, aus denen ich gelernt habe, sind …
Setze die Technologie so auf, dass sie langfristig skaliert – sonst fliegt sie dir irgendwann um die Ohren.

Business Angels wie Hansi Hansmann postulieren: Das Team ist wichtiger als die Idee. Was macht Ihr, um als Team erfolgreich zu sein?
Jeder konzentriert sich auf das, was er am besten kann.

Das prägendste Erlebnis in der Zusammenarbeit mit Hansi war …
Wir hatten nach ein paar Jahren busuu die Möglichkeit, die Firma für rund fünf Millionen Euro zu verkaufen. Jeder der zwei Gründer hätte ein paar Millionen bekommen und wir hätten für ein paar Jahre finanziell ausgesorgt. Bei einem Mittagessen mit Hansi fragte er mich dann in seiner typisch direkten Art: „Und, dann kaufst du dir ein Haus und machst einen Urlaub, und dann? Dann fängst du wieder an zum Hakeln?" Wie so oft hatte Hansi natürlich vollkommen recht. Beim Start-up-Leben geht es eben nicht um den schnellen Exit, sondern es geht darum, etwas Großartiges und Einzigartiges umzusetzen. Wir sind seinem Rat gefolgt und auch nach fast zehn Jahren busuu bin ich ihm noch heute dankbar.

Dankbar bin ich für …
Dass er immer an uns geglaubt hat und auch in schwierigen Zeiten voll hinter uns gestanden ist.

Interview: runtastic
Florian Gschwandtner, Gründer

Florian Gschwandtner gründet zusammen mit drei Kollegen vom FH-Studium das Unternehmen runtastic, dabei setzen sie den Grundstein für einen der ersten erfolgreichen Exits aus der Hansmann-Gruppe.

Meine Motivation als Unternehmer ist …
Ideen aus meinem Kopf in die reale Welt umzusetzen … *make things happen!*

Kann man Unternehmer sein lernen? Wenn ja, wie?
Das weiß ich nicht unbedingt. Ich glaube, man kann all die Theorie dazu lernen und verstehen. Ob man sie anwenden kann, bin ich selber sehr skeptisch. Irgendwie braucht es da dieses Unternehmer-Gen.

Die wichtigsten Gründe, kein (!) Unternehmen zu gründen, sind …
Sicherheit (Einkommen etc.), Verantwortung, Druck und Leistung.

Die wichtigsten Gründe, einen Business Angel an Bord zu nehmen, waren für mich …
Jemanden zu haben, der einen Blick von „außen" auf das Unternehmen wirft und regelmäßig die richtigen Fragen stellt. Gemeinsam stärker sein und einen Sparringspartner zu haben.

Meine Erwartung an einen Business Angel ist ...
Ehrlichkeit. Die richtigen Fragen zu stellen. Erreichbar zu sein, wenn es dringend ist. Konstruktiven Input zu geben.

Die wichtigste Eigenschaft eines Business Angels ist ...
Ehrlichkeit und Vertrauen.

Die wichtigsten Gründe, Hansi Hansmann als Business Angel an Bord zu nehmen, waren ...
Einen coolen Typen mit Erfahrung an Bord zu haben und eigentlich auch einen guten Freund. Wir kannten uns ja schon und wir haben uns immer gut verstanden. Ich erinnere mich bis heute nicht an eine Situation, die wir nicht gemeistert haben oder in welcher wir keine Freunde waren.

Gelernt von Hansi Hansmann habe ich ...
Puh, da gibt es vieles! Allgemein glaube ich mal, die Art und Weise, wie man mit jungen Unternehmern umgeht und wie es Hansi schafft, immer die richtigen Worte zu finden. Ich habe auch gelernt, dass man, „wenn man gut ist, keinen Wind machen muss, da dieser eh von selber kommt". Also, gute Leute checken es sehr schnell, ob du gut bist oder einfach nur viel redest. Für das Leben habe ich aber auch gelernt, dass es so viele Dinge gibt, die ich noch nicht gesehen habe, und ich habe immer den großen Respekt, was Hansi alles weiß, wo er schon war und wie aktiv er ist. Somit hat man vor dem Älterwerden absolut keine Angst, und das zeigt: Alter ist nur relativ.

Mein wichtigster Tipp für angehende Gründer ist …
Ein gutes Team und viel Motivation.

Als Business Angel würde ich …
Menschen gerne helfen, ihre Ideen in die Realität umzusetzen. Machen wir ja schon!

Die persönliche Chemie mit Hansi Hansmann stimmt, weil …
Er da ist, wenn man ihn braucht. Weil er ein Freund ist und nicht ein Businesspartner. Weil er ehrlich ist und sich selbst nicht in den Vordergrund stellt.

Für den Umgang mit Hansi Hansmann empfehle ich …
Sei einfach du selbst.

Wichtige Fehler als Unternehmer, aus denen ich gelernt habe, sind …
Fokus! Man kann nicht zu viele Dinge gleichzeitig mit 120 % machen. Nein, das geht sich nicht aus.

Business Angels wie Hansi Hansmann postulieren: Das Team ist wichtiger als die Idee. Was macht Ihr, um als Team erfolgreich zu sein?
Klare Rollendefinition. Nicht zu viele Egos im Gründerteam. Klare Erwartungshaltung an die Leute aussprechen.

Das prägendste Erlebnis in der Zusammenarbeit mit Hansi war …
Ein Moment in einer Verhandlung, wo wir schon sehr weit waren und wir uns dann nicht ganz fair behandelt

gefühlt haben und Hansi gesagt hat: „So, wir stehen jetzt auf und fliegen heim!"

Dankbar bin ich für ...
Den Menschen und Lebensfreund Hansi.

3

Das passende Angel-Projekt oder: Von Schmerzen und Megatrends

Bei der Auswahl Erfolg versprechender Projekte halten Business Angel ähnliche Faktoren für entscheidend wie institutionellen Investoren. Hansmann achtet dabei insbesondere auf folgende Aspekte:

1. **Ein ideales Angel-Projekt ist innovativ und löst ein Problem.**
   Bei aller Euphorie vieler Gründer ist eines der wichtigen Auswahlkriterien für passende Projekte: Eine gute Idee allein reicht nicht. Vor allem oft dann nicht, wenn man damit nicht mehr Erster am Markt ist. Gefragt sind Innovationen, die – ein weiterer entscheidender Faktor – ein echtes Problem lösen. Hansmann spricht dabei gern von „Pain" (Schmerz), den ein neues Projekt erfolgreich helfen soll zu lindern. Je größer der

„Schmerz", desto größer ist im Regelfall die Bereitschaft des Konsumenten bzw. des Users oder Kunden, das neue Produkt, den Service, die Idee auszuprobieren und langfristig zu verwenden. Für Hansmann gilt der simple Gedanke: Wer erst aufwendig das Bedürfnis seiner Kunden wecken muss, hat es um einiges schwerer und läuft Gefahr, sich zu verzetteln. Außerdem ist es eine besondere Motivation, wenn man selber von einem Problem betroffen ist und es lösen will.

Passende Beispiele aus dem Portfolio von Hansmanns Start-ups, an denen er beteiligt war bzw. noch ist, stellen mySugr, ein Unternehmen spezialisiert auf Services für Diabetiker, oder das Unternehmen kiweno, das auf dem Gebiet der Nahrungsmittelunverträglichkeiten tätig ist, dar.

mySugr (http://mysugr.com) ist ein Diabetes-Service-Unternehmen, das sich zum Ziel gesetzt hat, das Leben von Diabetikern zu erleichtern. Gegründet wurde es von drei Personen, die selbst Typ-1-Diabetiker sind. Die mit der eigenen Betroffenheit verbundene Expertise der Gründer hat sich einmal mehr als wichtiges Asset herausgestellt, als zwei aus dem Team das Projekt bei einem Pharmaunternehmen vor der Diabetes-Abteilung präsentiert haben und den fassungslosen Spezialisten des Hauses einzigartige neue Erkenntnisse aus dem Alltag von Diabetikern vermitteln konnten.

Die junge Gründerin von kiweno (http://kiweno.com) litt jahrelang unter einer Nahrungsmittel-Unverträglichkeit, allerdings war ihr die Diagnose lange nicht bekannt. Bis sie eines Tages zu einem Arzt kam, der ihr nach einem Test riet, sie solle einige Zeit lang bestimmte Zutaten meiden. Nach sechs Monaten ging es ihr in Folge besser – und der Grundstein für die eigene Unternehmensgründung war gelegt: Schnelltests für möglichst viele potenziell Betroffene – auch wenn der Weg bis zum Erfolg durchaus auch noch einige Zeit in Anspruch genommen hat.

2. **Ein ideales Angel-Projekt agiert in einem relevanten Markt.**
Nicht jedes persönlich gelöste Problem mit innovativer Lösung ist für eine Unternehmensgründung wirklich geeignet. Der manchmal auch entscheidende Nachteil: Die unternehmerische Lösung eines Problems ist so subjektiv und individuell, dass in der weiteren Entwicklung keine kritische Größe erreicht werden kann. Sei es, dass die potenziellen Kunden zu schwierig zu finden sind, oder sei es, dass sich schlichtweg zu wenige dafür interessieren. Hansmanns Plädoyer: Ein ideales Angel-Projekt soll in einem relevanten – im Sinne eines ausreichend großen und bedeutenden – Markt agieren. Oft hilft dabei auch ein zweiter Blick: Was sich beim ersten Hinsehen als Orchideen-Thema präsentiert, kann global betrachtet durchaus auf ein ausreichend großes Interesse stoßen – oder durch eine Spezialisierung auch in kleinen Märkten eine große Rolle spielen. Dazu zwei weitere Beispiele aus dem Portfolio von Hansmann: busuu und durchblicker.

Das Start-up busuu (www.busuu.com), eines der ersten „Investorenbabys" von Hansmann, ist ein soziales Netzwerk zum Sprachenlernen, bei dem Nutzer sich gegenseitig über die Plattform dabei helfen können, ihre Sprachfertigkeiten zu verbessern. Hansmann hat hier in einer relativ frühen Phase erstens das Potenzial im Bereich „Language Learning" erkannt und zweitens hatte sich bereits abgezeichnet, dass sich vor allem durch den Einsatz von innovativen Online-Tools ein international stark wachsender Markt für das Sprachenlernen herausbildet.

Umgekehrt entpuppt es sich aber oft als Trugschluss, als Voraussetzung für Relevanz ausschließlich globale Märkte ins Auge zu fassen, das zeigt das Beispiel durchblicker (www.durchblicker.at): Das „Tarifvergleichsportal" (u. a. für Versicherungen, Mobilfunk, Strom) fokussiert sich ausschließlich auf Österreich. Die Evaluierung einer internationalen Expansion hat gezeigt, dass die Komplexität insbesondere auch von Versicherungsverträgen so hoch ist, dass man von einem Schritt über die Grenze bisher Abstand genommen hat. Der Markt in Österreich ist dabei ausreichend relevant – insbesondere, wenn man die Position des Marktführers beanspruchen kann.

3. Ein ideales Angel-Projekt setzt auf einen Megatrend.
Zeiten permanenter Veränderungen bieten für Startups zahlreiche Gelegenheiten. Freilich hat es dabei wenig Sinn, mit neuen Ideen der „guten alten Zeit" hinterherzulaufen. Megatrends bieten eine gute Orientierung für Unternehmensgründungen und damit verbunden auch sinnvolle Investitionsmöglichkeiten. Die Gründe: Echte Megatrends haben weitreichende Wirkung auf gesellschaftliche Bereiche und sind oft auch Hinweisschilder am Wegesrand dafür, dass sich die Aufmerksamkeit und das Verhalten

der Menschen ändern. Sie sensibilisieren dabei auch für den passenden Zeitpunkt, wann Platz für neue Anbieter mit neuen Ideen ist. Nicht selten agieren hier kleine Start-ups wendiger und schneller als bestehende Großkonzerne, denen vielleicht auch das Sensorium für die neuen Entwicklungen fehlt. Dabei gilt es zu beachten: Auch die Kriterien, nach denen sich Investoren für eine Anschlussfinanzierung interessieren, unterliegen Trends und Konjunkturzyklen. Megatrends bilden hier auch häufig Auswahlkriterien für die Frage, welche Projekte grundsätzlich „finanzierenswert" erscheinen. Das Zukunftsinstitut von Matthias Horx zählt zu den wichtigen Megatrends: Individualisierung, Female Shift, Silver Society, Neues Lernen, New Work, Gesundheit, Neo-Ökologie, Konnektivität, Globalisierung, Urbanisierung, Mobilität.[1]

Zu jenen Start-ups, die besonders auf Megatrends setzen, zählt Hansmann aus seinem Portfolio u. a. LineMetrics in den Bereichen Konnektivität und Industrie 4.0 – also die Verzahnung der industriellen Produktion mit modernster Informations- und Kommunikationstechnik, gerne auch als Vierte Industrielle Revolution bezeichnet – sowie Anyline im Bereich Augmented Reality, außerdem das bereits erwähnte kiweno im Bereich Gesundheit. Dazu im Einzelnen:

---

[1] www.megatrend-dokumentation.de.

LineMetrics (www.linemetrics.com) vereinfacht nach eigenen Angaben die Optimierung in Unternehmen anhand von Sensordaten. Diese Daten werden kabellos erfasst und online ausgewertet. Eine typische Anwendung ist etwa die Überwachung von Eistruhen im Einzelhandel: Die bisher durchaus personalintensive Überprüfung und Diagnose, ob Wartungsarbeiten – wie das Enteisen der Eistruhe am Point of Sale (POS) – notwendig sind, kann dank LineMetrics automatisiert werden.

Anyline (www.anyline.io) ist ein Start-up, das sich laut eigenen Angaben auf die Text- und Zeichenerkennung mittels Smartphone spezialisiert hat und diese Daten automatisch in einer lesbaren Form erfasst. Der dazu passende Megatrend lautet: Augmented Reality, darunter versteht man die computergestützte Erweiterung der Realitätswahrnehmung („erweiterte Realität"). „Wir bringen dem Smartphone das Lesen bei", erklärt dazu der Mitgründer von Anyline Lukas Kinigadner das Modell im Interview mit dem Online-Medium trendingtopics[2]. Ob das ein Gewinn-Code auf Getränkedosen, die Daten des Stromzählers oder einfach die Übertragung von Informationen aus dem Reisepass in ein digitales Dokument sind: die Anwendungsfälle sind vielfältig. Konsequent weitergedacht, könnten Datenbrillen in Zukunft einen Durchbruch bringen. Ein durchaus aufschlussreiches

---

[2] https://www.trendingtopics.at/anyline-oesterreichisches-start-up-will-jedem-smartphone-das-lesen-beibringen; abgerufen am 8. Dezember 2017.

Detail am Rande, das auch zeigt, wie oft eine Innovation zur anderen führt: Anyline hat sich aus einer Idee für eine Smartphone-Funktion des bereits erwähnten Start-ups mySugr entwickelt, nämlich Daten vom Blutzuckermessgerät automatisch in die mySugr-App zu übertragen und zu dokumentieren. Aus der damit beauftragten Agentur hat sich die Idee für dieses weitere Start-up entwickelt.

4. **Ein ideales Angel-Projekt kommt durch das Netzwerk und die Erfahrung des Angels schneller voran.**
Für einen Business Angel soll es im Idealfall nicht ein ausschließlich monetäres Investment sein. Auch der berufliche Background, die Industrieerfahrung, die fachliche Expertise oder das Netzwerk eines weiteren Partners sind dabei ein entscheidender Mehrwert.

Hansmann setzt dabei sehr oft auf Unterstützung im Vertrieb:

Eine junge Gründergeneration, die gelernt hat, vom Computer aus die Welt zu erobern, und dabei in erster Linie auf Google Ads oder Facebook-Werbung setzt, steht oft vor besonders herausfordernden Aufgaben, wenn die weitere Skalierung in der ‚realen Welt' persönlichen Einsatz vor allem im B2B-Vertrieb benötigt, zu der eben auch das berühmte Klinkenputzen gehört, analysiert Hansmann und ist um eine Lösung nicht verlegen. Sie lautet meist: vertriebsstarke Investoren.

Auch weil diese Eigenleistung als Investment – und damit die vordergründig „unentgeltliche" Entlohnung – in eine steuerliche Grauzone fallen, ist dabei im Regelfall auch ein entgeltlicher Erwerb von Anteilen verbunden.

Bei zahlreichen seiner Start-ups hat Hansmann mit der Hereinnahme von Vertriebsprofis gute Erfahrungen gemacht.

So konnte der Entwickler unbemannter Kamera-Helikopter und Kamera-Stabilisierungssysteme, das Unternehmen Dynamic Perspective (www.dynamicperspective.com), durch die Einbindung eines Investors aus der Flugbranche und eines erfahrenen Vertriebsprofis, der zuvor Klimaanlagen im großen Stil verkauft hatte, auf einen noch dynamischeren Wachstumskurs gebracht werden.

Auch dem Unternehmen LineMetrics kommt durch eine Partnerschaft mit der Schweizer Martin Global AG neben dem finanziellen Investment die langjährige Vertriebserfahrung im industriellen Umfeld zugute.

Das Unternehmen mediclass, das nach eigenen Angaben „hochwertige Privatmedizin zu besonders günstigen Preisen" anbietet und jeweils unter einem Dach zahlreiche Ärzte und Therapeuten vereint, setzt bei seinem Wachstum auf strategische Partnerschaften: Hansmann konnte etwa den ehemaligen Geschäftsführer der Swatch Group, Rudi Semrad, für eine Beteiligung gewinnen. Semrads Netzwerk und seine Erfahrung sollen helfen, insbesondere auch weitere Unternehmen als Kunden von mediclass zu gewinnen.

Zu beachten ist grundsätzlich aber auch: Es gibt Projekte, die keinen Business Angel brauchen oder die für ihre Finanzierung einen anderen „Hebel" nutzen – wie einen klassischen Kredit. Der bestehende Altersunterschied zwischen dem Gründerteam und dem Business Angel kann ebenfalls einer der Gründe sein, warum es nicht klappt. Dabei ist auch die Frage, ob der Business Angel durch sein Netzwerk und seine Erfahrung einen entscheidenden Mehrwert bieten kann, um das Projekt schneller voranzubringen, ein wichtiges Auswahlkriterium für die Entscheidung über eine Zusammenarbeit – für beide Seiten. Ist das nicht der Fall, ist den Gründern oft mehr damit geholfen, von einer Involvierung eines Business Angels Abstand zu nehmen, einen anderen Angel zu finden oder eine andere Form der Finanzierung zu entwickeln.

5. **Ein ideales Angel-Projekt soll skalierbar sein.**
Die Skalierbarkeit – also vereinfacht gesagt die Expansionsfähigkeit – eines Projekts ist enorm wichtig und ein weiteres relevantes Entscheidungskriterium. Oft kursieren dabei unrealistische Annahmen bei Gründern. Hansmann zitiert gerne Gründer, die zu ihm kommen und sagen: „Das ist meine Idee und das ist eine Million Euro wert." Eine Idee allein ist im Regelfall nicht eine Million Euro wert. Erst die Umsetzung und die Skalierbarkeit rechtfertigen höhere Bewertungen.

Beispiel: Auf eine Skalierbarkeit im großen Stil setzt Hansmann bei seiner Beteiligung am Luxus-Juwelier RENÉSIM (www.renesim.com). Gestartet als Luxus-Juwelier mit hochwertigem Schmuck für den Onlinehandel, will das nach dem französischen Schmuckdesigner und Künstler René Sim Lacaze benannte Unternehmen national und international über eine sogenannte Omni-Channel-Strategie expandieren, also über die Kombination aus Online- und Offline-Vertriebskanälen. Zuletzt wurde daher am

Stammhaus in München der Schritt gewagt, zusätzlich zum reinen Onlinehandel auch auf den „analogen" Vertrieb zu setzen: mit einem eigenen Juwelierladen im Herzen von München. Der erste Schritt erlaubt die Evaluierung der neuen Idee des eigenen Stores und im Erfolgsfall sollen weitere Läden folgen, insbesondere in Deutschland und Frankreich. So ist die Skalierung einfach darstellbar, insbesondere, weil durch die positive Erfahrung mit der ersten Filiale sowohl das Risiko für den nächsten Investor besser bewertbar ist als auch eine andere Unternehmensbewertung möglich sein wird, die auf ein globales Wachstumspotenzial setzt. Auf Basis dessen ist angedacht, den globalen Roll-out über eine weitere Finanzierungsrunde zu organisieren.

6. **Ein ideales Angel-Projekt wird von einem Gründerteam getragen.**
Hansmann investiert im Regelfall nicht in Einzelpersonen (auch wenn es eine Grundregel ist, die er schon gebrochen hat, weil er unbedingt in eine bestimmte Person investieren wollte). Aber die Erfahrung zeigt: Es ist im Endeffekt mehr Arbeit für den Business Angel, weil es zu einem späteren Zeitpunkt viel schwieriger wird, Co-Founder dazuzuholen. Seine klare Empfehlung: Am besten investiert man als Business Angel in Teams von zwei bis drei Personen. Der Nachteil bei Viererteams: Sie beginnen schon mit einem kleineren Anteil am Unternehmen. Der Anteil an einem Start-up ist wichtig, weil – im Fall mehrerer Finanzierungsrunden – einem am Schluss immer weniger übrig bleibt. Die konkrete Gefahr besteht: Wenn man zu viert ist, fängt man bei einer Beteiligung

von nur 25 % des Einzelnen am Unternehmen an, wenn man zu zweit ist, bekommt jeder 50 % – das macht einen großen Unterschied. Dennoch gilt: Vier Leute, die für wenig Geld arbeiten und mit Leidenschaft am Erfolg beteiligt sind, können mehr erreichen als zwei.

Dabei lautet Hansmanns Devise: Man kann aus einem mittelmäßigen Produkt mit dem richtigen Team einiges herausholen, aber aus einem sehr guten Produkt und einem mittelmäßigen Team kaum.

Bestes Beispiel ist auch hier Shpock, die Flohmarkt-App, in die Hansmann bis zu einem sehr erfolgreichen Exit 2015 investiert war: Bei der ersten Investition im Jahr 2011 hatten die Gründer ein vergleichsweise kompliziertes Web-Produkt, mit dem man Produkte aufgrund von Freundesempfehlungen suchen konnte. Hansmann erzählt gern, dass er erst nach zwei Meetings verstanden hat, wie das überhaupt funktionierte, und nicht daran geglaubt hat – und dennoch investiert hat. Warum? Weil ihn das Gründerteam überzeugt hatte. Der weitere Verlauf der Geschichte: Die Unternehmung ist beinahe schiefgegangen, aber eben nur beinahe, weil das Founder-Team so gut war, dass sie – so Hansmann – „aus diesem Null-Produkt doch irgendwie was gemacht haben". Die Entscheidung, das Projekt abzudrehen, fiel entsprechend schwer. Nach rund eineinhalb Jahren waren die Gründer noch immer so überzeugt, dass sie weitergemacht hätten. Angesichts des drohenden Endes hatten die Gründer in Windeseile innerhalb von vier Wochen ein Alternativprodukt gebastelt – die

Shpock-App (www.shpock.com). Hansmann erzählt, wie er dann die Anfrage bekommen hat: „Das müssen wir unbedingt probieren. Können wir dafür Geld haben?" Das war die Erfolgsstory von Shpock. Die Conclusio: Ein gutes Team ist wichtiger als das Produkt selber.

> **Die Checkliste für das ideale Projekt**
> - Ist das Projekt innovativ und löst es ein Problem?
> - Agiert das Projekt in einem relevanten Markt?
> - Setzt das Projekt auf einen Megatrend?
> - Kann das Projekt durch mein Netzwerk und meine Erfahrung schneller vorankommen?
> - Ist das Projekt skalierbar?
> - Wird das Projekt von einem überzeugendem Gründerteam getragen?

Interview: kiweno
Bianca Gfrei, Gründerin

„Empowering individual healthcare" steht hinter Kiweno. Die Gründerin Biance Gfrei hat selbst unter gesundheitlichen Problemen gelitten und schafft mit ihrem Unternehmen eine spannende Unternehmensgeschichte.

Meine Motivation als Unternehmer ist …
Das Leben anderer Menschen zu verbessern.

Kann man Unternehmer sein lernen? Wenn ja, wie?
Unternehmer sein kann man durchaus lernen – aber nicht auf der Universität oder in der Fachhochschule, sondern

beim *Tun!* Ein Unternehmen aufzubauen und in die Rolle des Unternehmers hineinzuwachsen ist Learning by Doing. Hausverstand, ein gutes Menschengespür, Resilienz und Wille sind da viel wichtiger als ein Studium oder eine bestimmte Ausbildung.

Die wichtigsten Gründe, kein (!) Unternehmen zu gründen, sind …
Ein Unternehmen aufzubauen verlangt unglaublich viel Fokus, Energie, Leidenschaft und Hingabe. Vor allem aber dauert alles häufig sehr viel länger als ursprünglich geplant und unerwartete Hindernisse treten auf – hier braucht es Durchhaltevermögen und den Glauben an die Sache, um diese emotionale Achterbahnfahrt zu meistern. Wer sich nur das schnelle Geld erhofft oder den „Start-up Lifestyle" leben will, wird nicht weit kommen.

Die wichtigsten Gründe, einen Business Angel an Bord zu nehmen, waren für mich …
Der wichtigste Grund war sicherlich, einen wirklichen Partner und nicht nur einen Geldgeber an der Seite zu haben. Das ist eine ganz andere Vertrauensebene. Ein erfahrener Business Angel unterstützt etwa bei richtungsweisenden Entscheidungen, Vertragsverhandlungen mit Folgeinvestoren und stellt sein Netzwerk bereit.

Meine Erwartung an einen Business Angel sind …
Loyalität, Rückhalt und konstruktives Feedback.

Die wichtigste Eigenschaft eines Business Angels ist …
Den „richtigen Riecher" zu haben – dabei spielen Erfahrung, Menschenkenntnis und das Gespür für zukünftige Entwicklungen eine Rolle. Und wenn dann etwas wiederholt zum Erfolg führt, ist es nicht Glück, sondern die richtige Strategie.

Die wichtigsten Gründe, Hansi Hansmann als Business Angel an Bord zu nehmen, waren …
Als wir das Angebot von Hansi bekamen, war die Entscheidung sofort klar, auch wenn der Deal rational betrachtet etwas schlechter war als andere Angebote. Seine Erfolgsgeschichte spricht für sich! Zudem war das bei uns auch eine besondere Situation. Ich bin ursprünglich an ihn herangetreten, um seinen Rat zu einer strategischen Herausforderung einzuholen, und gar nicht, um ein Investment zu erfragen. Er hat sich sofort committed und uns bei der Lösung dieser Herausforderung unterstützt. Das hat natürlich von Anfang an sehr viel Vertrauen geschaffen. Letztlich waren auch sein Interesse und sein fachlicher Bezug zur Medizinbranche von Vorteil.

Gelernt von Hansi Hansmann habe ich …
Hansis Verhandlungs-Skills sind legendär. Er geht unglaublich taktisch und mit einem klaren Ziel vor Augen vor, bleibt aber dennoch charmant, respektvoll und hat Spaß an der Sache. Was ich in Verhandlungen von ihm gelernt habe, ist, dass es nicht darum geht, auf Biegen und Brechen das Maximum herauszuholen, sondern einen guten, aber zugleich auch fairen Deal für alle beteiligten

Parteien zu verhandeln. Wenn sich eine Partei bereits bei Vertragsabschluss unwohl oder gar über den Tisch gezogen fühlt, kann sich daraus nur schwer eine Partnerschaft auf Augenhöhe entwickeln.

Mein wichtigster Tipp für angehende Gründer ist ...
Zu wissen, was man will bzw. wohin man will. Nur so kann man Investoren, Partner, Co-Founder und Mitarbeiter finden, die die Vision teilen und strategisch in die gleiche Richtung blicken. Wenn du über mehrere Jahre ein nachhaltiges Business aufbauen willst, für deinen Investor etwa aber extrem schnelles Wachstum die wichtigste Maßgröße ist, wird es irgendwann krachen. Ich habe mir angewöhnt, mittlerweile alle, mit denen wir eine potenzielle Zusammenarbeit erwägen – egal ob neuer Investor oder zukünftiger Mitarbeiter –, zu fragen, wie sie Erfolg in Bezug auf das konkrete Projekt bzw. die Kooperation definieren. Da kann man oft schon recht vieles über die Werte und Vorstellungen rausfiltern.

Als Business Angel würde ich ...
Mich für Diversität einsetzen und Projekte mit Impact fördern.

Die persönliche Chemie mit Hansi Hansmann stimmt, weil ...
Es eine Partnerschaft auf Augenhöhe ist, gegenseitige Wertschätzung da ist und nicht immer nur das Business im Mittelpunkt stehen muss.

Für den Umgang mit Hansi Hansmann empfehle ich …
Auf den Punkt zu kommen, seine Zahlen im Kopf zu haben und nicht zu steif zu sein. Selbstbewusstsein und Authentizität kommen an!

Wichtige Fehler als Unternehmer, aus denen ich gelernt habe, sind …
Nicht alles, was glänzt, ist auch Gold! Oft klingt ein Angebot sehr verlockend, die Chemie mit einem Kernmitarbeiter stimmt auf Anhieb oder das Verhältnis mit einem Vertragspartner ist sofort locker und informell. Die Gefahr, nicht mehr genau nachzuhaken, Vertragsdetails zu akzeptieren oder sich blenden zu lassen, ist dann viel größer. Gerade in diesen Situationen sollte man noch einmal bewusst prüfen, ob die Vision und fundamentale Werte wie etwa die Arbeitsmoral übereinstimmen. Wenn das Bauchgefühl nicht zu 100 % stimmt, sollte man es lassen. Das gilt für Investorendeals wie auch für die Auswahl von Co-Foundern oder Kernmitarbeitern. Nur wenn man in den Hochphasen voll aligned ist, kann man auch die Tiefs, die es in einem Start-up fast immer gibt, gemeinsam überstehen.

Business Angels wie Hansi Hansmann postulieren: Das Team ist wichtiger als die Idee. Was macht Ihr, um als Team erfolgreich zu sein?
Ich habe mit einem meiner engsten Freunde und seinem Vater zusammen gegründet. Es war im Gründerteam also von Anfang an ein sehr starkes Vertrauen da und man kannte die Stärken, Schwächen, Ängste und Werte des anderen bereits besser. Es fällt dadurch einfacher,

direktes und ehrliches Feedback zu geben. Der größte Vorteil an der Konstellation ist aber, dass man besser weiß, wo man den anderen noch herausfordern kann und wo Grenzen sind. Sich gegenseitig zu pushen, aber auch in Zeiten des Zweifels füreinander da zu sein, ist im Gründerteam enorm wichtig. Und fürs gesamte Team: viel Kommunikation, Ehrlichkeit, die Identifikation mit dem, was wir tun, fördern, immer wieder die Richtung und Vision aufzuzeigen und – ganz wichtig – die Erfolge auch zusammen feiern und genießen. Und was wir auch gelernt haben: Krisen schweißen zusammen!

Das prägendste Erlebnis in der Zusammenarbeit mit Hansi war ...
Es war nicht ein einziges Erlebnis, sondern sein ungehaltener Rückhalt in Zeiten, in denen wir heftiger Kritik von außen ausgesetzt waren und es uns nicht gut ging. Solange die Gründer noch voll an das Unternehmen glauben und wirklich alles versuchen, um Herausforderungen zu überwinden, steht Hansi auch dahinter. Das ist eine Eigenschaft, die bei Investoren alles andere als selbstverständlich ist!

Dankbar bin ich für ...
Den Traum, den ich durch die Unterstützung von Menschen wie Hansi realisieren kann. Ich habe in den letzten Jahren gelernt, nicht nur das Ziel vor Augen zu haben, sondern auch die Reise dahin zu genießen – so turbulent und abenteuerlich diese oft sein mag. Als junge Unternehmerin habe ich Möglichkeiten, die sonst nur wenige in diesem Alter haben. Das mache ich mir immer wieder bewusst!

4

„Drum prüfe, wer sich (ewig) bindet" oder: Warum ein gemeinsames Mindset oft wichtiger ist als das eigentliche Produkt

Spezielle Eigenschaften und Fähigkeiten, die Hansmann bei den Gründerpersönlichkeiten sucht, sind Kommunikationsfähigkeit, Verhandlungsgeschick und Abschlussstärke, Hausverstand, Zahlenverständnis, Fokus, Teamfähigkeit, Motivation, Führungs- und unternehmerische Qualitäten – und das Wichtigste für ihn: ein gemeinsames Mindset.

1. **Die Fähigkeit, verständlich und einfach zu kommunizieren**

    Klare Aussagen zu formulieren, ist eine entscheidende Voraussetzung, um die eigene Idee verkaufen zu können. Für Hansmann zählt auch das grundlegende Verständnis dazu, dass effektive Kommunikation darauf achtet, dass „wahr ist, was beim Gegenüber ankommt". Er schätzt zielgerichtete Kommunikation bei seinen Gründern, dazu gehört auch, „bei Bedarf abzuchecken, ob der Gesprächspartner die Botschaft richtig erfasst hat".

Die beste Start-up-Idee ist ohne Erfolgschancen, wenn keiner der Gründer verständlich und einfach kommunizieren kann. Hansmanns Empfehlung in solchen Fällen: „Ist keiner im Team, der das kann, sucht einen Partner, der etwas vom Geschäft versteht und das auch erklären und erzählen kann!" Auch wenn es auf den ersten Blick nicht fair erscheinen mag, dass schlechte Ideen oft mehr Zustimmung erheischen, wenn sie gut vorgetragen werden, als so manche brillante Idee, die eben keiner versteht, ist die Fähigkeit zur verständlichen Kommunikation für Hansmann eine entscheidende Voraussetzung. Die Vorgabe für ihn lautet: Jemand im Gründerteam muss imstande sein, die eigene Idee in einer Minute so zu erklären, dass es jeder verstehen kann. Ist so jemand dabei, sind die Erfolgschancen bei jedem Start-up deutlich höher. Ohne eine Person mit entsprechenden Fähigkeiten ist das Gründerteam nicht vollständig.

2. **Verhandlungsgeschick und Abschlussstärke (Selling und Closing)**
Verhandlungsgeschick und Abschlussstärke sind wichtige Fähigkeiten, auf die Hansmann bei seinen Gründern großen Wert legt, sowohl beim Vertrieb von Produkten als auch bei Finanzierungsrunden. Hansmann kennt dabei naturgemäß beide Seiten, jene des Verkäufers, insbesondere bei der Suche nach weiteren Investoren, aber auch jene des Käufers. Hansmann legt dabei weniger Wert auf die Gabe des angeblich

talentierten Verkaufsgenies, sondern mehr auf die Fähigkeit, „einen Verkaufsprozess auch wirklich zu einem Abschluss zu bringen".

Dazu zählt für Hansmann auch, die Bedürfnisse des potenziellen Kunden zu erkennen und zu verstehen, zu „wissen, was ihn motiviert, was er sucht", und dabei aufzuzeigen, wie man mit dem eigenen Angebot den Bedürfnissen seines Vis-à-vis entspricht. Eine seiner wichtigen Lektionen: „Erfolgreich verkaufen hat viel mit richtigem Zuhören zu tun." Eine Schlüsselkompetenz ist dabei, den richtigen Zeitpunkt für das „Closing" zu erkennen. Bis dahin sollte ausreichend Zeit für Fragen sein. „Oft ist der Moment früher, als man glaubt", so Hansmann. Häufig beobachtet er bei jungen Gründern ein Over-Selling, das entsteht, wenn noch immer Vorteile und Vorzüge aufgezählt werden, obwohl es bereits die längste Zeit Signale für einen Abschluss gibt. Nicht selten entstehen nämlich dann noch Zweifel „durch zu viel reden". Ein Schlüssel sei dabei, „auch auf Response des Gegenübers zu achten".

3. **Hausverstand**
Zu einem funktionierenden Hausverstand zählt Hansmann sowohl eine rasche Auffassungsgabe als auch pragmatische Problemlösungskompetenz. Hansmann wortwörtlich: „Zu viele Abläufe werden zu kompliziert gedacht und umgesetzt, obwohl man sie sehr oft auf wenige Schritte zurechtstutzen könnte" – entsprechenden Hausverstand vorausgesetzt.

4. **Zahlenverständnis**
Die klare Prämisse von Hansmann: Wichtig ist, dass einer im Gründerteam dabei ist, der ein Gefühl für

Zahlen hat. Regelmäßig zitiert Hansmann einen Spruch, den er in seiner eigenen Firma an der Wand hängen hatte: „Never do business with people who don't know their numbers!" Damit ist nicht die Buchhaltung gemeint – man findet immer jemanden, der die Buchhaltung macht. Mit Zahlenverständnis meint Hansmann Folgendes: Wenn er einen Gründer um drei Uhr in der Nacht aus dem Bett wach rüttelt, dann muss der wissen: Wie viel Geld haben wir auf dem Konto? Wie lange reicht es voraussichtlich noch? Und: Was haben wir vorige Woche verkauft? Das sind die Grundzahlen, die man im Kopf haben muss. Nur wer diese Zahlen weiß, kann ein Business führen, so Hansmann: „In jedem Business muss es einen geben, der weiß, welche Zahlen dem Geschäft zugrunde liegen, anders wird das nichts!"

5. **Fokus**
Weil sie oft nicht genau wissen, wie sich das Business-Modell entwickeln wird, haben Start-ups eine Tendenz, möglichst breit aufgestellt zu sein, möglichst viele Dinge gleichzeitig zu probieren – und sich dabei zu verzetteln. Hansmann sieht eine seiner Aufgaben darin, das Fokussieren zu fördern, und erklärt regelmäßig: „Du kannst nur eine Sache auf einmal betreiben." Motto: Besser ist es, eine einzige Sache, diese aber ordentlich zu machen. Entpuppt sich die Entscheidung, auf diese eine Sache den Schwerpunkt zu legen, als falsch, dann ist die Entscheidung zu korrigieren und ein anderer Weg einzuschlagen. Aber, so Hansmanns Warnung aus eigener Erfahrung, drei, vier Sachen parallel zu machen – „das geht immer schief". Der Schlüssel ist der Fokus.

4 „Drum prüfe, wer sich (ewig) bindet" oder …

Ein dazu passendes Beispiel aus Hansmanns Portfolio ist tractive (http://tractive.com): Das Start-up tractive erlaubt, Haustiere per GPS-Sender zu verfolgen. Diesen Tracker kann man natürlich für alles verwenden. Ob man ihn auf dem Fahrrad installiert, im Auto platziert – oder dem Freund in die Sporttasche steckt: Man sieht immer, wo sich wer bewegt. Das Marktpotenzial ist entsprechend groß. Hansmann:

Wir haben relativ schnell gewusst, dass wir nicht sagen können, wir haben den Überdrüber-Tracker für alles. Das funktioniert nicht. Wir haben uns eine Branche ausgesucht, in die wir ganz tief hineingehen – das ist unser Use Case. In dem Fall war das der Hunde- und Katzenmarkt. Die Founder sind auf jeder Hunde- und Katzenmesse präsent und haben sich als Spezialisten in diesem Bereich einen guten Namen gemacht. Trotzdem stellen dabei andere Leute überrascht fest: Das kann ich ja auch in mein Auto geben oder aufs Fahrrad oder sonst wo hin.

Zunächst aber ist zuerst das Ziel, im Haustierbereich Weltmarktführer zu werden.

Auch beim bereits erwähnten Unternehmen LineMetrics wäre jede Form der Messung grundsätzlich möglich, spezialisiert hat man sich dabei eben in einem ersten Schritt auf das Thema Energie, also das Messen des Energieverbrauchs, ob bei Bankfilialen, Botschaften oder im Klimabereich.

6. **Teamfähigkeit**
Jene Fähigkeiten, die für Hansmann bei einem potenziellen „Business-Angel-Baby" entscheidend sind, haben eines gemeinsam: Sie vergrößern die

Erfolgswahrscheinlichkeit des Start-ups. Die Teamfähigkeit ist ein weiterer entscheidender Schlüssel, dem bei der Auswahl des passenden Start-ups nicht genug Aufmerksamkeit gewidmet werden kann. Für Hansmann ist damit in erster Linie auch gemeint, dass die Gründer „miteinander können". O-Ton: „Die können ruhig auch laut diskutieren, oder manchmal auch schreien und die Nerven verlieren – gerade bei jungen Gründerpersönlichkeiten ist das normal, weil es oft wirklich um viel geht." Die wichtige Fähigkeit ist dabei aber, aus Konflikten wieder herauszufinden und auf den gemeinsamen Weg zurückzukehren, um die Vision und die vereinbarten Ziele zu verfolgen.

Hansmann ist bei der Zusammensetzung von Teams ein großer Verfechter diverser, also vereinfacht gesagt vielfältig zusammengestellter Teams. Er sieht sich dabei außerdem als Förderer und Unterstützer weiblicher Führungskräfte bei Start-ups und begründet das ganz pragmatisch mit positiver Erfahrung in den vergangenen Jahren. Hansmann attestiert Frauen im Regelfall eine höhere emotionale Intelligenz, weil sie sich „in ihr Gegenüber besser hineinversetzen können", und beobachtet eine bessere Abschlussquote. „Wichtig ist dabei oft, Frauen ihre eigenen Stärken bewusst zu machen, um ihr Selbstvertrauen zu stärken." Das sei nicht gönnerhaft zu verstehen, weil er durchaus auch die Nachteile sieht: Häufiger landen Frauen in der Perfektionsfalle, bei der sie alles perfekt und damit nicht effizient machen, und seien „viel zu vorsichtig". Am besten sei er mit ausgewogen zusammengesetzten Teams gefahren, auch um die gerade bei

männlichen Gründern zu attestierende Bereitschaft zur Selbstdarstellung und Selbstüberschätzung auszugleichen. Beide „Pole" in einem Team seien wichtig, aber „ohne Balance" führen sie nicht zum Erfolg, so Hansmann.
7. **Motivation**
Die Motivation des Teams ist entscheidend. Gründer müssen für ihre Idee „brennen", so Hansmann. Freilich ist es unrealistisch, dass diese Motivation „jeden Tag von früh bis spät lodert", präzisiert er. Er erwartet insbesondere eine intrinsische – also eine von innen kommende – Grundmotivation. Seine Erfahrung lehrt ihn, dass diese Motivation nicht immer bei allen Gründern gleich „verteilt" ist. Es braucht aber jedenfalls einen „Leader" als Zugpferd. Kommt diese Motivation in erster Linie aus der Sehnsucht, rasch reich zu werden, hält sie im Regelfall nicht lange an, warnt Hansmann.

Auch Hansmann hat es durchaus schon erlebt, dass sich die Formation des ursprünglichen Gründerteams rasch wieder auflösen kann, wenn sich der Traum vom schnellen Geld nicht innerhalb kurzer Zeit materialisiert.

Spätestens wenn die Motivation nachlässt, entsteht dadurch auch Handlungsbedarf, die Besetzung des Gründerteams neu zu organisieren. Als Beispiel nennt Hansmann das Start-up Diagnosia (www.diagnosia.com), das Software für medizinische Fachgruppen und Ärzte zur Unterstützung im klinischen Alltag und innerhalb ihrer Ordination entwickelt.

Nach einem erfolgreichen Launch und einer enormen öffentlichen Aufmerksamkeit aufgrund einer Kontroverse mit einer Pharmafirma war Knochenarbeit angesagt, um den Business Case erfolgreich zu entwickeln. Anders als ursprünglich geplant, liegen die Geschicke nun in den Händen des einzigen verbleibenden Co-Gründers (von ursprünglich fünf Personen), der als Mr. Diagnosia jetzt voller Elan die ursprüngliche Vision verfolgt.

8. **Führungs- und unternehmerische Qualitäten**
Hansmann setzt bei den Führungs- und unternehmerischen Qualitäten auf Leading by Example: „Du brauchst im Gründerteam immer einen, der mit gutem Beispiel vorangeht, den Leader, an den man glaubt, dem man vertraut, der die Vision hat und die Ziele nicht aus den Augen verliert." Oft muss man dabei Unternehmerpersönlichkeiten auch Zeit geben und Unterstützung gewähren, damit sie lernen, andere Menschen zu befähigen, so Hansmann. Sowohl Lob als auch kritisches Feedback, wenn es mal nicht passt, sind dabei wichtige Instrumente eines erfahrenen Business Angels, so Hansmann aus eigener Erfahrung überzeugt.

9. **Gemeinsames Mindset**
Menschen haben naturgemäß unterschiedliche Wertvorstellungen, Weltbilder, Denk- und Verhaltensweisen. Hansmann schenkt dem Thema große Beachtung, auch weil ihm sehr wichtig ist, dass sein Mindset mit dem der Gründer zusammenpasst. Seine klare Empfehlung: Die Wertehaltung und grundsätzliche Zugänge im Leben zwischen Angel und Gründer

sollen in eine gleiche Richtung gehen. Natürlich kommt es auch vor, dass sich das bei Gründern im Laufe der Zeit ändert. „Der Alltag in einem Start-up ist intensiv und dynamisch", so Hansmann, „da sind Veränderungen vorprogrammiert, insbesondere bei ganz jungen Gründern in einer frühen Lebensphase." Für den Business Angel ist es wichtig, ein Sensorium dafür zu entwickeln, auch um gegebenenfalls rechtzeitig ausgleichende Maßnahmen setzen zu können und vor allem potenzielle Diskussionsherde „so früh wie möglich, offen und transparent anzusprechen", bevor die „Emotionen hochkochen", so Hansmann. Eine Lösung kann auch darin bestehen, Positionen neu zu besetzen oder Rollen neu zu verteilen.

Ein Beispiel dafür ist whatchado (www.whatchado.com), wo der Hauptgründer und CEO immer mehr in die Rolle des Botschafters hineingewachsen ist und auf den unterschiedlichsten Bühnen unablässig und mit hoher Medienpräsenz die Werbetrommel für das Unternehmen rührt. Dies ist aber – schon aus zeitlichen Gründen – nicht mit der Rolle des CEOs, der eine Mannschaft von 40 Köpfen führen muss, vereinbar. So kam es nach ein paar Jahren zum Rollentausch und ein Mitgründer wurde neuer CEO. Das ging durchaus nicht ohne Emotionen und langwierige Diskussionen über die Bühne – aber schon nach wenigen Monaten haben alle Beteiligten gemerkt, wie gut die neue Rollenverteilung funktioniert und wie viel Mehrwert für das Unternehmen so geschaffen werden kann.

10. **Handschlagqualität**
Zu einer gelebten Kultur des Vertrauens zählt für Hansmann auch Handschlagqualität: „Wenn ich was ausmache, dann muss das gelten, auch ohne Vertrag." Es ist für ihn die Basis in der Zusammenarbeit, auch aus ganz pragmatischen Gründen: „Ich kontrolliere wenig."

Wie Hansmann seine Auswahl trifft, bei welchen Projekten er sich als Angel engagiert, um zu überprüfen, ob seine persönlichen Voraussetzungen gegeben sind? Normalerweise trifft er sie unkompliziert im Rahmen eines ein- bis eineinhalbstündigen Mittagessens mit dem Gründerteam. Im Mittelpunkt des Gespräches stehen dabei gezielte Fragen, gut zuhören und oft auch ganz spezifische Vorstellungen davon, was er sich als Antwort auf eine bestimmte Frage erwartet.

> **Die Checkliste für das ideale Gründerteam**
> 1. Hat jemand im Team die Fähigkeit, verständlich und einfach zu kommunizieren?
> 2. Verfügt jemand im Team über Verhandlungsgeschick und Abschlussstärke?
> 3. Wie aktiv ist der Hausverstand?
> 4. Sind im Team Zahlenverständnis und Zahlenkenntnis vorhanden?
> 5. Sind die Aktivitäten im Start-up ausreichend fokussiert?
> 6. Ist das Team aufeinander eingespielt (Teamfähigkeit)?
> 7. Kommt die Motivation aus den richtigen Motiven?
> 8. Sind Führungs- und unternehmerische Qualitäten im Team gegeben?
> 9. Besteht ein gemeinsames Mindset zwischen Business Angel und Gründerteam und auch innerhalb des Gründerteams?
> 10. Verfügen die Partner über Handschlagqualität und leben sie eine Kultur des Vertrauens?

Interview: shpock
Armin Strbac und
Katharina Klausberger, Gründer

Shpock – „Die Flohmarkt App für schöne Dinge in deiner Nähe" wurde 2012 von Katharina Klausberger und Armin Strbac gegründet und wurde 2015 erfolgreich an einen strategischen Partner verkauft.

Unsere Motivation als Unternehmer ist …
Ein Problem mit einem zeitgemäßen Produkt zu lösen, mithilfe einer selbstbestimmten Organisation, die über einen außerordentlichen Eigenantrieb verfügt und „politische" Spielchen vermeidet.

Kann man Unternehmer sein lernen? Wenn ja, wie?
Nein. Man braucht eine gewisse Grundmentalität, um ein Unternehmen zu gründen oder dieses frühzeitig zu unterstützen. Fähigkeiten kann man lernen, aber die persönliche Einstellung ändert sich ab einem gewissen Alter nur noch schwer. Auf dies achten wir auch sehr stark im Recruiting.

Die wichtigsten Gründe, kein (!) Unternehmen zu gründen, sind …
Wenn das Unternehmen und das Team nicht die wichtigste oder zweitwichtigste Priorität im Leben sein können. Man wird durch harte Zeiten und an die persönlichen Grenzen gehen – und wer da nicht bereit ist, gemeinsam noch einen Gang höher zu schalten, wird es mit einem Start-up schwer haben.

Die wichtigsten Gründe, einen Business Angel an Bord zu nehmen, waren für mich …
Neben der Finanzierung geht es vor allem um das Einbringen der eigenen Erfahrung und des persönlichen Netzwerkes. Geld muss dabei unserer Meinung nach immer fließen, sonst sprechen wir nicht von einem Business Angel.

Meine Erwartung an einen Business Angel ist …
Das Team herauszufordern und als Sparringpartner zu agieren, ähnlich wie ein Trainer im Sport. Die Meisterschaft gewinnen muss das Team dann immer noch selbst. Es ist also nie gut, wenn sich der Business Angel plötzlich in die Mannschaft als Stürmer stellen würde.

Die wichtigste Eigenschaft eines Business Angels ist …
Die Dinge manchmal aus der Distanz zu reflektieren. Und das sich daraus ergebende Bild an das Team zu kommunizieren, das vielleicht in diesem Moment mit „emotionalen Scheuklappen" agiert.

Die wichtigsten Gründe, Hansi Hansmann als Business Angel an Bord zu nehmen, waren …
Seine Erfahrung und seine Erlebnisse, insbesondere seine Niederlagen als Unternehmer.

Mein wichtigster Tipp für angehende Gründer ist …
Vom ersten Moment an auf die Einstellung jedes einzelnen Teammitglieds achten und sicherstellen, dass, auch wenn die Organisation wächst, alle die Kernwerte mitbekommen und man nicht den Fokus, den Hunger und die

Geschwindigkeit verliert. Das Team ist *das* entscheidendste Kriterium für den Erfolg am Ende des Tages. Einstellung bzw. Teamfit ist deutlich wichtiger als Fähigkeiten, die man sich aneignen kann und regelmäßig muss. Das gilt sowohl für die Co-Gründer als auch für die ersten 100 Teammitglieder.

Als Business Angel würde ich …
Die Dinge mit derselben Leidenschaft und Hartnäckigkeit angehen wie als Gründer.

Die persönliche Chemie mit Hansi Hansmann stimmt, weil …
Er ein netter Kerl ist, der den Start-ups klar helfen möchte. Und so richtig glücklich ist er dann, wenn er dabei noch gewinnen kann.

Für den Umgang mit Hansi Hansmann empfehle ich …
Nichts anderes als mit jedem anderen Menschen, mit dem man zusammenarbeiten möchte.

Wichtige Fehler als Unternehmer, aus denen ich gelernt habe, sind …
Man macht als Unternehmer ständig Fehler. Man muss diese identifizieren, zu ihnen stehen, sie schnellstmöglich korrigieren und weiter seinen Weg gehen.

Das prägendste Erlebnis in der Zusammenarbeit mit Hansi war …
Die Momente, als er uns geholfen hat, einen kühlen Kopf zu bewahren und die vor uns stehenden Herausforderungen ein wenig nüchterner zu sehen.

Interview: Playbrush
Paul Varga, Gründer

„Spielerisch Zähneputzen" – aus dieser Idee für seinen kleinen Neffen hat Paul Varga 2014 das Unternehmen Playbrush gegründet.

Meine Motivation als Unternehmer ist …
Persönlich an meine Grenzen zu gehen, spannende Arbeitsplätze zu schaffen und einen nachhaltigen Einfluss auf das Wohlbefinden und die Gesundheit unserer Kunden zu nehmen.

Kann man Unternehmer sein lernen? Wenn ja, wie?
Natürlich! Wobei die praktische Handlung wohl die beste Lehrerin ist. Bei Playbrush lernen wir jeden Tag Neues und wachsen an unseren Herausforderungen und Fehlern. Gute Helfer sind hier Neugierde, das Stellen von Fragen sowie der Austausch mit anderen Unternehmern und natürlich das tagtägliche Treffen von Entscheidungen. Letztere zu hinterfragen und darüber zu reflektieren hilft, beschleunigt den Lernprozess gewaltig. Während die Lernkurve kontinuierlich steigt, sollte man allerdings auch Glück und Timing nicht außer Acht lassen. Beide Faktoren spielen eine große Rolle und stehen außerhalb unseres Einflussbereiches.

Die wichtigsten Gründe, kein (!) Unternehmen zu gründen, sind …
Da schießen mir vor allem drei Gründe in meinen Kopf. Zuallererst: „reich werden". Die Chancen stehen statistisch

in anderen Bereichen noch immer deutlich besser, und ein Job an der Wallstreet hat mit ähnlichem Arbeitseifer vermutlich ein durchschnittlich besseres finanzielles Outcome. Zweitens: Der romantische Glaube, man würde als Unternehmer unendliche Freiheiten besitzen. Die Verantwortung, die man gegenüber Mitarbeitern, Kunden und Gesellschaftern trägt, wird oft unterschätzt. Drittens, weil es oberflächlich „cool" ist, ein Unternehmen zu gründen. Dabei wird das Arbeitspensum oft stark unterschätzt.

Die wichtigsten Gründe, einen Business Angel an Bord zu nehmen, waren für mich ...
Zu allererst natürlich Kapital, weil wir die ersten Wachstumsschritte von Playbrush finanzieren wollten und für solch riskante Unternehmungen keine klassischen Finanzierungsformen zur Verfügung stehen. In unserer Wahl bzw. unseren Gesprächen haben wir uns nur auf Angels konzentriert, die auch zusätzlichen Wert mitbringen, da uns als Gründer unseres ersten Unternehmens vor allem die Erfahrung gefehlt hat. Hier lag unser Hauptaugenmerk auf Beteiligungen in ähnlichen Unternehmen, wie wir es sind (Hardware-Fokus, eHealth, Consumer Goods, daten-getrieben), sowie auf der Erfahrung, ein Unternehmen im Wachstum durch Wissen und Introductions zu unterstützen. Abrundend wollten wir jemanden an Bord holen, der uns auch persönlich unterstützt, diesen spannenden und herausfordernden Weg zu beschreiten.

Meine Erwartung an einen Business Angel ist ...
Auch hier fallen mir drei Punkte ein: Zuallererst, dass er oder sie das Unternehmen und Geschäftsmodell gut

versteht und so mithelfen kann, Herausforderungen früh zu erkennen. Zweitens die persönliche Hingabe, sich gerne und freiwillig mit dem Unternehmen und den Gründern auseinanderzusetzen und Erfahrungen aus der Vergangenheit einzubringen. Drittens eine offene, transparente Kultur zu fördern, Fehler zuzulassen und in kritischen Situationen Ruhe zu bewahren.

Die wichtigste Eigenschaft eines Business Angels ist ....
Probleme, die den Gründern noch nicht bewusst sind, früh vorherzusehen. Sein Wissen und Netzwerk einzubringen. In kritischen Situationen Ruhe zu bewahren und Fehler zuzulassen.

Die wichtigsten Gründe, Hansi Hansmann als Business Angel an Bord zu nehmen, waren ...
Hansi übererfüllt alle oben genannten Kriterien. Er hat aufrichtiges Interesse am Unternehmen und an den Gründern, bringt gerne seine Erfahrung, sein Wissen und Netzwerk ein, ohne in den täglichen Geschäftsalltag einzugreifen, und zeichnet sich durch extrem hohe Erreichbarkeit aus. Darüber hinaus hält er seine Beteiligungen in der Hansmen Group sehr nahe beisammen, was einen regelmäßigen Austausch und spannenden Lernprozess fördert.

Gelernt von Hansi Hansmann habe ich ...
Erstens: In herausfordernden Situationen einen kühlen Kopf zu bewahren. Zweitens: Um die Ecke zu denken, da es nicht für jede Beteiligung und jedes Unternehmen den gleichen Weg geht. Drittens: Verhandeln, verhandeln,

verhandeln – vor allem unterschiedliche Interessen auf Linie zu bringen.

Mein wichtigster Tipp für angehende Gründer ist ...
Hart arbeiten. Dankbar sein. Anderen mehr geben, als man von ihnen nimmt.

Als Business Angel würde ich ...
Mit Hansi co-investieren.

Die persönliche Chemie mit Hansi Hansmann stimmt, weil ...
Erstens: First Vienna FC (wobei wir es nicht geschafft haben, sie zu retten). Zweitens: Volle Transparenz und Austausch auf Augenhöhe. Drittens: Ein gemeinsamer Wunsch, Herausforderungen zu suchen und diese zu meistern.

Business Angels wie Hansi Hansmann postulieren: Das Team ist wichtiger als die Idee. Was macht Ihr, um als Team erfolgreich zu sein?
Anfangs sind komplementäre Skills, Aufgabenbereiche und Persönlichkeiten in Kombination mit dem gleichen Ziel, Arbeitseifer und der gleichen Vision das Wichtigste. Diese über Zeit beizubehalten ist ein niemals endender Prozess, dem wir großes Augenmerk schenken. Generell gilt: Je offener und ehrlicher wir unsere Meinungen und Befindlichkeiten austauschen, umso stärker wachsen wir persönlich zusammen. Praktisch heißt das, dass wir sehr viel Zeit miteinander verbringen.

Das prägendste Erlebnis in der Zusammenarbeit mit Hansi war …
Ich bin nicht gerade der Mensch prägender Erlebnisse, wobei die spannendsten Momente mit Hansi immer dann entstehen, wenn wir entweder eine neue Herausforderung zu meistern haben oder mit einem Partner verhandeln.

Dankbar bin ich für …
Jeden einzelnen Moment. In Bezug auf Hansi gilt das Gleiche: Sein persönliches Einbringen, sein offenes Ohr und seine Erreichbarkeit – auch zu Zeiten, zu denen normale Menschen sonst nicht erreichbar sind.

5

Über den Faktor Zeit: Warum Timing alles ist – und es nur selten Sinn macht, ausschließlich auf organisches Wachstum zu setzen

Das richtige Timing ist bei Start-ups enorm wichtig. Das gilt sowohl für den Einstieg als auch für den Exit. Hansmann investiert bevorzugt in Start-ups, in denen die Founder zumindest sechs bis neun Monate zusammengearbeitet haben. Damit kann man auch eine erste Einschätzung abgeben, wie teamfähig die Gründer sind. Hansmann: „Wenn die Founder schon sechs bis neun Monate zusammenarbeiten und immer noch gemeinsam als Team auftreten, dann ist das schon ein gutes Zeichen." Seine Erfahrung: Wenn man in einer sehr frühen Phase investiert, besteht die Gefahr, dass sich zwei Gründer langfristig nicht verstehen, und das Start-up ist oft bereits „erledigt, bevor es losgeht". Wenn das Start-up nicht aufgeht, weil sich die Gründer überwerfen, ist es für einen Investor im Regelfall eine durchaus unangenehme Situation.

Grundsätzlich gilt: Es gibt aber auch Start-ups, die mit ihrem Projekt zu früh dran sind, weil die Gesellschaft „noch nicht bereit ist" und damit auch von Investoren das Potenzial nicht erkannt wird. Und es gibt auch jene, die zu spät dran sind.

So ist es beim Exit auch – und als Business Angel versucht Hansmann dem Start-up eine Variante zu empfehlen, von der er das Gefühl hat, dass sie das Richtige ist. Das Dilemma: „Man muss jede Exit-Möglichkeit genau prüfen, es könnte einerseits die allerletzte Möglichkeit sein, andererseits könnte ein späterer Verkauf zu einer besseren Bewertung und mit besseren strategischen Perspektiven verbaut werden." Hansmann sensibilisiert aber auch dafür, dass nach seiner Erfahrung „ein Exit eher die Ausnahme als die Regel ist". Ein starkes Indiz für einen günstigen Zeitpunkt ist aus seiner Sicht vor allem, wenn die Bewertung durch einen Käufer die üblichen Bewertungsmaßstäbe hinter sich lässt – etwa aufgrund von Synergien mit dem Käufer.

Natürlich gibt es für Start-ups nicht nur die Möglichkeit des Exits, sondern auch die Möglichkeit, das Geschäft durch organisches Wachstum weiterzuentwickeln und wachsen zu lassen. Hansmann weiß aber aus eigener Erfahrung, dass bei Tech-Start-ups durch die Skalierung und durch die Zusammenarbeit mit großen Unternehmen Erfolge erreicht werden können, die alleine aus eigener Kraft nicht gelingen. Im Ergebnis lässt sich dann mit dem Exit ein Erlös erzielen, der auch die prognostizierten Gewinne aus eigener Kraft um ein Zigfaches übersteigen kann.

Ein Beispiel dafür ist runtastic (www.runtastic.com), die bereits vor dem Exit gute Umsätze erzielt haben, Cashflow-positiv waren und sogar Dividenden ausgezahlt haben. Der Grund liegt meist darin, dass mit dem strategischen Käufer – in diesem Fall die adidas-Gruppe – Synergien gehoben werden können, die ein Start-up nicht alleine erreichen kann. Durch diese Synergien kann eine Bewertung entstehen, die durchaus auch um einiges höher sein kann, als wenn man das Start-up und seine betriebswirtschaftlichen Kennzahlen alleine betrachtet (im Fall von runtastic waren es rund 220 Mio. EUR). „Für die Gründer führt das zur Frage: Soll ich ausschließlich von den Dividenden leben oder soll ich einmal, so Hansmann, das Große nehmen und Kassa machen?" In jenen Fällen, in denen die Bewertung und Zukunftsperspektiven aufgrund der Synergien mit dem neuen Partner so stark steigen, ist die Entscheidung meistens relativ eindeutig.

Interview: consentiv
Beate Danczul, Gründerin

Als ein „Company & Employee Assistance" unterstützt Consentiv seit 2013 Unternehmen und deren Mitarbeiter mit ihren Beratungsangebot.

Meine Motivation als Unternehmer ist …
Das Produkt, der Umgang mit Menschen, unser Spirit, den wir entwickelt haben.

Kann man Unternehmer sein lernen? Wenn ja, wie?
Ich denke, man braucht das „Unternehmer-Gen", dann kann man sich auch entwickeln.

Die wichtigsten Gründe, kein (!) Unternehmen zu gründen, sind …
Zu viel Angst vor dem Scheitern. Wenn man nicht delegieren kann.

Die wichtigsten Gründe, einen Business Angel an Bord zu nehmen, waren für mich …
Hansi ist mir und ich bin ihm „zufällig" aus einer Investoren-Not bei einem Management-Buyout „passiert". Ich bin dankbar, seine Expertise an meiner Seite zu haben.

Meine Erwartung an einen Business Angel ist …
Erwartungen habe ich keine. Ich hoffe, dass er immer mein Mentor sein wird und dass er mich unterstützt, falls ich ihn mit seiner Erfahrung und seinem Wissen brauche.

Die wichtigsten Eigenschaften eines Business Angels sind …
Gelassenheit, Zielstrebigkeit, Zukunftsorientiertheit, Menschlichkeit.

Die wichtigsten Gründe, Hansi Hansmann als Business Angel an Bord zu nehmen, waren …
Ich hätte es ohne ihn in der kurzen Zeit nicht geschafft, das Unternehmen zu übernehmen. Er macht mir immer Mut!

Gelernt von Hansi Hansmann habe ich …
Etwas mehr Coolness! Unternehmerisches Denken! Vertrauen in meine Kompetenzen!

Mein wichtigster Tipp für angehende Gründer ist …
Macht mal und schaut genau hin, wann es Zeit ist, zu strukturieren und Rollen zu verteilen!

Als Business Angel würde ich …
Meine Expertise für soziale Kompetenz und Human Resources (HR) und Personalentwicklungsmaßnahmen einbringen.

Die persönliche Chemie mit Hansi Hansmann stimmt, weil …
Er das Herz an der „richtigen Stelle" hat und mich so sein lässt, wie ich bin!

Für den Umgang mit Hansi Hansmann empfehle ich …
Offene Kommunikation und Ehrlichkeit!

Wichtige Fehler als Unternehmer, aus denen ich gelernt habe, sind …
Große Aufregung über Dinge, die man nicht ändern kann, zahlt sich nicht aus!

Business Angels wie Hansi Hansmann postulieren: Das Team ist wichtiger als die Idee. Was macht Ihr, um als Team erfolgreich zu sein?
Da könnte ich Tage darüber sprechen! Den richtigen Spirit entwickeln und pflegen!

Das prägendste Erlebnis in der Zusammenarbeit mit Hansi war …
Der Moment, in dem wir im Kaffeehaus waren und er gesagt hat: „Ich helfe dir!"

Dankbar bin ich für …
Dass er immer für mich da ist und versteht, wie ich „ticke".

6

Warum Zahlen in einem Businessplan relativ irrelevant sind – und was wirklich zählt

Hansmann geht davon aus, dass – auch wenn jeder Investor immer zuerst einen Businessplan einfordert – die Zahlen, die in einem Businessplan stehen, relativ irrelevant sind. Die Erfahrung lehrt viel mehr: Die Ziele werden ohnehin selten erreicht. Die Kosten sind immer höher, als man plant. Umsätze zu generieren, dauert immer länger, als man vorhersieht – und das bedeutet im Regelfall einen größeren Finanzierungsaufwand.

Seine Conclusio: Die Zahlen im Businessplan interessieren ihn nur bedingt, weil er ohnehin selber eine Vorstellung entwickelt, was ungefähr „herausschauen könnte". Was Hansmann aber sehr wohl interessiert, ist, wie der Founder das Excel-Sheet strukturiert hat. Hansmann versucht zu verstehen, welche Gedankengänge die Gründer haben, und außerdem, ob sie relativ schnell zum Punkt kommen oder ob sie „wahnsinnig komplizierte Dinge hineinbasteln". Konkret interessiert sich Hansmann nicht für PDF-Dokumente mit den Zahlen, sondern für die Formeln im Excel-Sheet. Der Businessplan selber, das heißt die Beschreibung des Business-Modells und seiner Wertschöpfung, zeigt, ob die Gründer ihre Hausaufgaben gemacht haben. Die entscheidenden Fragen sind: Wie groß ist der Markt? Was gibt es für Konkurrenten? Wenn in dem Businessplan drei Konkurrenten zu finden sind, aber seine eigene Internetrecherche zwei weitere Konkurrenten ausfindig macht, die nicht im Businessplan stehen, dann ist das für Hansmann ein absolutes No-Go. Hansmanns klare Vorgabe: Das sind Hausaufgaben, die von den Gründern gemacht werden müssen. Es kann nicht Aufgabe des Business Angels sein. Natürlich auch wichtig: der prognostizierte Finanzierungsbedarf.

Interview: mySugr
Frank Westermann, Gründer

„Make diabetes suck less" – das Unternehmen mySugr macht die Diabetes-Therapie ein bisschen angenehmer. Ein Großteil des mySugr-Teams sind selbst Diabetiker. Das Unternehmen wird 2017 erfolgreich an einen Strategen verkauft.

Meine Motivation als Unternehmer ist …
Etwas aufzubauen, das Menschen nachhaltig hilft.

Kann man Unternehmer sein lernen? Wenn ja, wie?
Ein gewisses Set an Fähigkeiten kann man sicher lernen. Am besten lernt man meiner Meinung nach, indem man es einfach macht. Bevor man sein Unternehmen gründet, hilft es, intensiv mit anderen zu sprechen, die bereits gegründet haben. Außerdem: Wer von sich behauptet, als Unternehmer „fertig" zu sein, ist sicher kein guter Unternehmer. Gute Unternehmer wollen ständig lernen, wie sie Dinge besser machen können.

Die wichtigsten Gründe, kein (!) Unternehmen zu gründen, sind ...
Wenn man viel harte Arbeit scheut oder schnell viel Geld verdienen will.

Die wichtigsten Gründe, einen Business Angel an Bord zu nehmen, waren für mich ...
Ich persönlich und wir als Team haben uns in der Anfangsphase noch zu unerfahren und unfertig für Venture Capital gefühlt. Ein Business Angel ist meiner Meinung nach der perfekte Wegbegleiter, um zu lernen, was es heißt, ein Unternehmen aufzubauen. Wir waren nach zwei Jahren fertig genug und haben unsere erste VC-Runde gemacht.

Meine Erwartung an einen Business Angel ist ...
Er muss die Erfahrung mitbringen, um dir wirklich helfen zu können. Mir persönlich ist wichtig, dass ein Business Angel Unternehmer ist und nicht Manager.

Die wichtigste Eigenschaft eines Business Angels ist …
Ein Business Angel sollte wirklich da sein, um zu helfen: Eben ein *Angel* im besten Sinne des Wortes. Außerdem sollte die gegenseitige Chemie stimmen. Es werden schlechte Zeiten kommen und ein gutes persönliches Verhältnis kann entscheidend sein.

Die wichtigsten Gründe, Hansi Hansmann als Business Angel an Bord zu nehmen, waren …
Wir waren eines der ersten Investments von Hansi in Österreich. Hansi war damals weder in der Szene noch mir wirklich bekannt. Bevor wir Hansi trafen, hatten wir mit einer Vielzahl von Investoren gesprochen, aber bei keinem hat es wirklich „klick" gemacht. Bei Hansi war es anders. Wir wussten alle nach wahrscheinlich einer Minute: „Der ist es!" Es waren keine wirklich rationalen Gründe. Es war einfach direkt das Gefühl da, dass wir Hansi trauen können und er uns helfen kann, die ersten Schritte zu gehen.

Gelernt von Hansi Hansmann habe ich …
Nicht ausflippen, durchatmen, nachdenken. Es wird eine Lösung geben.

Mein wichtigster Tipp für angehende Gründer ist …
Wenn ihr eine Idee habt, von der ihr wirklich überzeugt seid, dann zieht euer Ding ohne Gnade (vor allem auch gegenüber euch selbst) durch.

Als Business Angel würde ich ...
Wissen, wonach ich suchen muss, um ein Team und Business wirklich zu verstehen und einschätzen zu können.

Die persönliche Chemie mit Hansi Hansmann stimmt, weil ...
Hansi als Mensch einfach schwer in Ordnung ist, die richtigen Werte verficht und ich mich immer auf ihn verlassen konnte.

Für den Umgang mit Hansi Hansmann empfehle ich ...
Nichts vorspielen. Immer geradeaus und ehrlich sein. Vertrauen ist gegenseitig.

Wichtige Fehler als Unternehmer, aus denen ich gelernt habe, sind ...
Zu zahlreich, um sie hier alle zu nennen. Das Wichtigste ist, dass man immer versteht, was der Fehler war, und ihn nicht ein zweites Mal macht.

Business Angels wie Hansi Hansmann postulieren: Das Team ist wichtiger als die Idee. Was macht Ihr, um als Team erfolgreich zu sein?
Es gibt ein paar grundlegende Dinge, die uns als Founding-Team stark gemacht haben. Erstens: Als Founder hat man zwei Rollen, Mitarbeiter und Gesellschafter. Beide Rollen sind grundsätzlich verschieden. Denn nur, weil man Gesellschafter ist, heißt es noch lange nicht, dass man auch wirklich die beste Besetzung für eine Führungsrolle ist. Am Anfang hat man schnell einen tollen Titel, aber auch nur, weil ja meistens außer dem Gründerteam

niemand da ist. Dessen muss man sich bewusst sein und unter Umständen Platz machen für den, der den Job besser machen kann. Es braucht am Anfang und auch in den starken Wachstumsphasen immer wieder Anpassungen im Management. Diese sind immer komplex und mit vielen Diskussionen verbunden. Ein starkes Founderteam geht das offen an und ein schlauer Gesellschafter versteht auch, dass es für seine Anteile besser ist, wenn er Platz macht für jemanden, der den Wert des Unternehmens besser steigern kann. Zweitens: Man darf nie an seinem Ziel zweifeln. Als Unternehmen sind wir vor allem am Anfang durch einige existenzielle Krisen gegangen. Erst auf dem Weg hat sich das letztendliche mySugr-Founding-Team gebildet. Den vier mySugr-Gründern war daher bei der mySugr-Gründung klar, dass es allen Gründern wirklich ernst ist. Ich konnte mich immer auf meine Co-Founder verlassen und auch das macht ein starkes Team aus.

Das prägendste Erlebnis in der Zusammenarbeit mit Hansi war …
Hansi hat in uns investiert, nachdem wir einen Deal mit einem großen Unternehmen unterschrieben hatten, das unser Geschäftsmodell validiert hat. Kurz nach dem Investment ist das Unternehmen ohne triftigen Grund vom Vertrag zurückgetreten. Wir mussten im Prinzip wieder von vorne anfangen. Das war ein ziemlicher Tiefschlag für uns, aber Hansi hat uns damals super unterstützt und an uns geglaubt. Spätestens da wusste ich, dass ich mich auf Hansi verlassen kann.

Dankbar bin ich für ...
Hansis Geduld mit uns am Anfang und dafür, dass er immer an uns geglaubt hat. Auch in den Zeiten, in denen es sonst nur wenige getan haben.

7

Finanzierungsbedarf oder: Warum Start-ups immer im Fundraising sind

Die primäre Aufgabe von Business Angels ist nach Ansicht von Hansmann, die Verantwortung bei Anschlussfinanzierungen und Exit-Verhandlungen zu übernehmen, damit sich die Gründer auf das eigentliche Business fokussieren können.

Aus diesem Grund ist für Hansmann die Zeitspanne, wie lange es dauern könnte, bis ein weiterer Finanzierungsbedarf entsteht, von entscheidender Bedeutung. Sein Erfahrungswert: Üblicherweise sind in einem Tech-Start-up für ein bis eineinhalb Jahre zwischen 200.000 und 500.000 EUR zu investieren. Der Grund: Die Gründer brauchen qualifizierte Leute, Vertriebler, SEO-Online-Experten, Programmierer, ein Büro – da ist man schnell einmal bei Kosten von 20.000 bis 30.000 EUR pro Monat. Hansmanns Lektion: Wenn sich absehen lässt, dass man „erst unglaublich stark wachsen muss, bis man überhaupt erst anfangen kann, sich zu refinanzieren", dann fällt es schwer, zu investieren. Der Hauptgrund: Der Business Angel muss meist weitere Finanzierungsrunden machen, eventuell auch mit Venture-Capital-Beteiligungen – und das ist auch für ihn sehr viel Arbeit. Das nimmt oft sehr viel Zeit des Business Angels in Anspruch. Wobei laut Hansmann eine goldene Regel gilt: Start-ups sind IMMER im Fundraising.

Häufig passiert es, dass eine Idee dabei ist, fliegen zu lernen, aber das liebe Geld auszugehen droht. Typischerweise befindet sich das Unternehmen in einem dynamischen Wachstumsprozess, verdient aber noch nicht genug, um die Ausgaben und Investitionen ausreichend zu bestreiten. Im Idealfall, so Hansmann, verfügt der Business Angel über entsprechende Reserven. Hansmanns Empfehlung, zur Erinnerung: Wer als Business Angel investiert, sollte auf jeden Fall mindestens noch einmal dieselbe Summe Geld auf der Seite haben – für genau diese Fälle.

In diesen Fällen ist es geboten, zwischenzufinanzieren. Die Erfahrung lehrt: Hansmann muss nach eigenen Angaben bei zwei Dritteln seiner Start-ups regelmäßig zwischenfinanzieren. Meist geht es dabei darum, zu vermeiden, dass die Founder oder Geschäftsführer einer unbewältigbaren Stress-Situation ausgeliefert sind. Hansmann wortwörtlich: „Jedes Start-up ist im Prinzip dauernd bankrott, jedes Eigenkapital ist ja schnell aufgefressen. Das ist das Wesen eines Start-ups." Die Konsequenzen für den Geschäftsführer sind oft hart – häufig ist einer der wichtigsten Gründe, dass er sich ausrechnet, wenn er in den folgenden drei Wochen kein Geld bekommt, muss er einen Insolvenzantrag stellen. Auch um den Geschäftsführer nicht von seiner eigentlichen Tätigkeit abzuhalten, verfolgt Hansmann den Ansatz, ihm diese Sorgen abzunehmen – freilich nur solange die Pläne, das gemeinsam Vereinbarte auch eingehalten werden und alle Beteiligten „on Track" sind. Seine Lösung: Diese Zwischenfinanzierungen sind verzinste Darlehen, die er darüber hinaus ohne Gegenleistung gewährt und die damit dennoch Risikokapital darstellen. Der Ansatz in diesem Krisenfall ist, dass Hansmann als Business Angel auch bei dieser Zwischenfinanzierung nicht mehr Anteile als der einzelne Founder haben möchte. Daher finanziert er bis zur nächsten Finanzierungsrunde als Überbrückung mit einem Zinssatz von rund zwölf Prozent – bis sein Darlehen wieder zurückzuführen ist. Dieser Ansatz stößt nicht immer auf Gegenliebe bei den neuen Investoren, weil nicht selten verlangt wird, dass das in der Zwischenzeit gewährte Darlehen in der nächsten Finanzierungsrunde umgewandelt wird und eben nicht zurückzuführen ist. Hansmann ist in diesen Fällen konsequent: Mit einer Wandlung seiner Zwischenfinanzierung ist er prinzipiell nicht einverstanden, er hat dies daher auch (fast) noch nie gemacht – ein entsprechender Ruf eilt ihm voraus und wird daher auch akzeptiert. Der im Vergleich höhere Zinssatz hat dabei auch die Funktion, dass die neuen Eigentümer das Darlehen rasch durch eine eigene Finanzierung substituieren wollen, um das Betriebsergebnis nicht durch unnötige Zinsen zu belasten.

Interview: durchblicker
Reinhold Baudisch, Gründer

Als kostenloser Online-Vergleich für Fixkosten wird das Unternehmen durchblicker von Reinhold Baudisch und Michael Doberer 2010 gegründet.

Meine Motivation als Unternehmer ist …
Das machen zu können, was für mich wichtig und richtig ist.

Kann man Unternehmer sein lernen? Wenn ja, wie?
Das Handwerkszeug von Finance bis Führung ja (Studium, Kurse, Bücher, Gespräche mit Peers). Die Attitüde, die hat man – oder man hat sie nicht.

Die wichtigsten Gründe, kein (!) Unternehmen zu gründen, sind …
Wenn man es nicht unbedingt will.

Die wichtigsten Gründe, einen Business Angel an Bord zu nehmen, waren für mich …
Geld. Die Kontakte und das Sparring haben wir erst später zu schätzen gelernt.

Meine Erwartung an einen Business Angel ist …
Das Team operativ arbeiten lassen, die Gründer mit Netzwerk und Kontakten unterstützen, Sparringspartner bei strategischen Diskussionen zu sein und – last, but not least – bei Finanzierungsrunden die Verhandlungen begleiten.

Die wichtigste Eigenschaft eines Business Angels ist …
Das Spüren, wann ein Start-up Nähe vs. Distanz braucht.

Die wichtigsten Gründe, Hansi Hansmann als Business Angel an Bord zu nehmen, waren …
Der wichtigste Grund für uns war damals die unmittelbare Sympathie. Andere hätten uns auch Geld gegeben, aber bei ihm hatten wir das beste Gefühl.

Gelernt von Hansi Hansmann habe ich …
Wertvolle Insights im Bereich Führung, z. B. durch geschickte Fragen und effektive Kommunikation Menschen selber draufkommen zu lassen, was sie tun sollten, anstatt es ihnen vorzubeten oder unnötig Druck zu machen. Und natürlich auch viel über Verhandlungen.

Mein wichtigster Tipp für angehende Gründer ist …
Mach es nur, wenn du leidenschaftlich und leidensfähig bist.

Als Business Angel würde ich …
Mich derzeit noch nicht sehen, ich denke nicht, dass ich das (schon) gut könnte.

Die persönliche Chemie mit Hansi Hansmann stimmt, weil …
Er ein großartiger, smarter, pragmatischer und uneitler Mensch mit Handschlagqualität ist.

Für den Umgang mit Hansi Hansmann empfehle ich …
Den Aufbau von ausreichend Kondition für längere Radtouren.

Wichtige Fehler als Unternehmer, aus denen ich gelernt habe, sind …
Zu lange die falschen Dinge zu tun oder nicht ausreichend Fokus auf die „Big Points" zu legen. Fokus ist das Wichtigste.

Business Angels wie Hansi Hansmann postulieren: Das Team ist wichtiger als die Idee. Was machen wir, um als Team erfolgreich zu sein …
Erstmal viel und offen zu kommunizieren, das gilt sowohl für die Gründer untereinander als auch mit dem Team. Dazu: Probleme offen ansprechen, sich laufend Feedback geben, dann wird Feedback auch nicht als Kritik verstanden. Auf diese Art werden alle laufend besser und lernen gut eingespielt miteinander zu arbeiten.

Das prägendste Erlebnis in der Zusammenarbeit mit Hansi war …
Es war kurze Zeit nach unserem Start. Nachdem ein Investor – die Verhandlungen haben sich über sieben Monate gezogen und viele Ressourcen verschlungen – trotz Deal-Unterschrift einen Rückzieher gemacht hatte, waren wir finanziell kurz vor dem Aus. Hansi hat uns ohne langes Gerede finanziell den Atem so weit verlängert, dass wir einen neuen Anlauf mit neuen Investoren machen konnten. Ohne diese schnelle Hilfe hätte es die Firma damals nicht geschafft.

Dankbar bin ich für ...
Die gemeinsame Zeit, den gegenseitigen Respekt und die Dinge, die ich lernen durfte.

8

„My fair share" – Wie Hansmann seinen Anteil am Unternehmen bewertet

Für einen fairen Bewertungssatz ist es zuallererst wichtig zu wissen, wie viel Geld das Start-up braucht und wie viele Gründer es gibt. Dieser Bereich definiert die Fähigkeit des Business Angels, flexibel zu agieren. Die Schlüsselfrage ist: Was ist ein fairer Anteil für den Business Angel? Ein entscheidender Faktor ergibt sich dabei aus der Anzahl der Gründer. Hansmann (wenn er die Finanzierung alleine aufstellt) hält im Regelfall zwischen 15 % und 25 % der Unternehmensanteile, aber wichtig – nie mehr als ein (Haupt-)Gründer. Und je nachdem, wie viel Geld er investiert, ergibt sich dann eine Bewertung, die auch für die Gründer passend ist – oder eben nicht.

Eine Schlüsselfrage, der man sich stellen muss, lautet dabei: Welchen Anteil kann man als Business Angel nehmen, sodass die Founder dann noch motiviert genug sind, auch in einer weiteren Finanzierungsrunde entsprechende Anteile zu haben? Hansmann hat einen sehr praktischen Bewertungsansatz. Ansätze wie Discounted Cash Flow (DCF) oder das Setzen auf Multiplikatoren mit bestimmten Kennzahlen sind aus seiner Sicht in einem Start-up nicht anwendbar. Es geht in erster Linie darum, einzuschätzen, ob ein Projekt funktionieren kann oder nicht – und wie viel Geld das Unternehmen braucht.

Außerdem ist wichtig zu wissen, wie viel Zeit und Geld bereits investiert wurden. Idealszenario aus Sicht von Hansmann ist, wenn auch Gründer Geld investieren oder wenn Investitionen von Freunden oder aus der Familie kommen. Dass die Gründer nicht nur mit Arbeit involviert sind, sondern auch schon Geld aus dem Umfeld aufgestellt haben, das schafft – so Hansmann – einen stärkeren Bezug, eine stärkere Motivation, mehr Arbeit zu investieren, und die Wahrscheinlichkeit, dass man das Projekt aufgibt, ist geringer, weil man den Schuldnern das Geld ja auch zurückzahlen will – „wenn schon nicht dem Business Angel, aber jedenfalls dem Onkel", so Hansmann pragmatisch.

Was Business Angel einkalkulieren, ist folgende Überlegung: Wie lange braucht das junge Unternehmen, wie lange kann es ungefähr dauern, bis es etwas abwirft bzw. bis der nächste Milestone erreicht wird, der es erlaubt, Geld zu einer höheren Bewertung einzusammeln? Was für Kosten fallen ungefähr an? Hansmann empfiehlt, entsprechende Key Performance Indicators (KPIs) regelmäßig zu überprüfen, wenn man mit Start-ups zusammenarbeitet:

Was ist die monatliche Burn Rate? Und für wie lange reicht das Kapital? Das sind am Anfang die wichtigsten Zahlen. Man kann von einem Start-up nicht erwarten, schon im sechsten oder siebenten Monat eine Bilanz und eine Gewinn-und-Verlust-Rechnung monatlich zu erstellen. Die Schlüsselfragen sind: Wie viel Geld hat das Unternehmen auf der Bank und wie viel gibt es monatlich aus? Damit kann man sich grob ausrechnen, wie lange es reicht. Sollte diese Zahl unter sechs Monate sein, dann gilt Alarmstufe! Warum? Weil ein Fundraising üblicherweise zwischen vier und sechs Monaten dauert.

Für Hansmann gilt bei den Verhandlungen über seine Beteiligung: „Ich kann auch bisschen mehr oder weniger Geld hineingeben, sodass sich das in einem relativ fairen Prozess ausgeht." Dennoch ist seine goldene Regel: Er verhandelt nie. Meist hört er sich alle Argumente an und überlegt sich die Angelegenheit und gibt dann ein Angebot ab. Heute hat sich sein Ruf herumgesprochen. Viele der Gründer wissen bereits, dass es ein Angebot gibt und dass sie gar nicht zu probieren brauchen, zu verhandeln. Hansmanns Motto: „Das ist das Angebot, entweder ich will das machen oder ich will es nicht machen. Und für mich heißt das, entweder sie wollen mich oder sie wollen mich nicht."

Eine wichtige Vorgabe erklärt Hansmann zu einer weiteren „goldenen Regel": Angels sollten nie mehr Firmenanteile als die (einzelnen) Gründer haben bzw. der Angel nicht mehr als der Hauptgründer.

> **Beispiel-Formel**
>
> Ein Start-up mit vier Gründern, die je 25 % halten, benötigt 250.000 EUR.
> Der Business Angel beteiligt sich mit 250.000 EUR und bekommt dafür 20 %. Die weiteren Gründer halten nach dem Einstieg auch je 20 %. Die Unternehmensbewertung nach dem Einstieg beträgt 1.250.000 EUR.
> 1.000.000 EUR Pre-Money Bewertung
> +250.000 EUR Investment
> =1.250.000 EUR Post-Money Bewertung

Interview: RENÉSIM
Georg Schmidt-Sailer, Gründer

„Fine Individual Jewelry" – die beiden Gründer Georg Schmidt-Sailer und Maximilian Hemmerle setzen die Tradition der Familie mit Schmuckstücken fort und führen sie in eine neue Zeit.

Meine Motivation als Unternehmer ist ...
Das Beste aus der mir zur Verfügung stehenden Lebenszeit zu machen.

Kann man Unternehmer sein lernen? Wenn ja, wie?
Dadurch, es zu sein – das macht einen Teil des Reizes aus.

Die wichtigsten Gründe, kein (!) Unternehmen zu gründen, sind ...
Der Zeitaufwand, das Risiko, die Nervenbelastung in schwierigen Phasen, aber sicher *nicht* die staatliche Bürokratie.

Die wichtigsten Gründe, einen Business Angel an Bord zu nehmen, waren für mich …
Wenn man ein Vorhaben umsetzen will, das die eigenen finanziellen Möglichkeiten übersteigt, braucht man starke Partner.

Meine Erwartung an einen Business Angel ist …
Dass er nicht nur Geld, sondern weitreichende unternehmerische Erfahrung hat, um einen Gründer aus eigener Erfahrung zu verstehen.

Die wichtigste Eigenschaft eines Business Angels ist …
Ein entspanntes Verhältnis zur Realität.

Die wichtigsten Gründe, Hansi Hansmann als Business Angel an Bord zu nehmen, waren …
Ein gutes Bauchgefühl.

Gelernt von Hansi Hansmann habe ich …
In der Beurteilung von Situationen Prioritäten zu setzen.

Mein wichtigster Tipp für angehende Gründer ist …
Überlegt euch gut, wen ihr als Co-Shareholder hereinholt. Diese Entscheidung kann folgenreicher sein als die Wahl des Ehepartners.

Als Business Angel würde ich …
Sicherstellen, dass die Gründer wissen, welche Beiträge sie von mir fachlich und finanziell in späteren Phasen erwarten bzw. nicht erwarten können.

Die persönliche Chemie mit Hansi Hansmann stimmt, weil ...
Es einfach angenehmer ist, mit ihm an einem Tisch zu sitzen, als mit den meisten anderen Leuten.

Für den Umgang mit Hansi Hansmann empfehle ich ...
Ehrlichkeit und Offenheit.

Business Angels wie Hansi Hansmann postulieren: Das Team ist wichtiger als die Idee. Was macht Ihr, um als Team erfolgreich zu sein?
Immer im Gespräch bleiben.

Das prägendste Erlebnis in der Zusammenarbeit mit Hansi war ...
Wie er in wenigen Jahren ein Umfeld von interessanten, dynamischen Leuten um sich geschaffen hat, die teils Unglaubliches bewegen.

Dankbar bin ich für ...
Die Chance, gemeinsam mit Hansi eine Idee umzusetzen.

Interview: RENÉSIM
Maximilian Hemmerle, Gründer

Meine Motivation als Unternehmer ist ...
Die Branche zu verändern. Dinge neu und besser zu machen und erfolgreich damit zu sein.

Kann man Unternehmer sein lernen? Wenn ja, wie?
Ja, wahrscheinlich schon – irgendwie. Unternehmerisches Denken ist aber nicht nur eine klassische Ausbildung, sondern umfasst auch Anlage, Schlüsselereignisse und langfristig erworbene Eigenschaften in der persönlichen Entwicklung. Klar kann man vieles lernen, und auch eine gute Ausbildung hilft sicherlich dabei, ein Unternehmen gut und professionell zu führen. Die unternehmerische Denke ist aber mehr! Es geht z. B. auch darum, eine Vision von etwas zu haben, unentwegt Dinge voranzutreiben, sich nie wirklich auszuruhen und den Status quo stets infrage zu stellen. Die Dinge, die man beschließt zu tun, müssen dann auch in Time und in Budget umgesetzt werden. Dazu benötigt man auch immer ein gewisses Sales-Talent, denn es hilft, möglichst viele andere Leute von seinem Tun und noch besser von seinem Produkt zu begeistern. Aber zurück zur Frage: Ich würde neben einer guten Ausbildung versuchen, viel von bedeutenden Unternehmern zu lesen, mich mit guten Unternehmern immer wieder austauschen, Fragen stellen und auch möglichst viel selbst probieren und dabei lernen. Ein guter Business Angel, wie z. B. Hansi Hansmann, der ein Vollblutunternehmer ist, ist sicherlich ein optimales Vorbild – und ein idealer Partner zum Austauschen.

Die wichtigsten Gründe, kein (!) Unternehmen zu gründen, sind …
Kenne ich keine. Na ja, vielleicht wenn man ein sehr ängstlicher Mensch ist, würde ich das nicht tun.

Die wichtigsten Gründe, einen Business Angel an Bord zu nehmen, waren für mich …
Die Expertise! Ein Business Angel weiß, wie man Fehler vermeidet, und hat viele Dinge, die einem in der unternehmerischen Tätigkeit begegnen, schon mal erlebt und kann daher schnell und mit deutlich geringerer Fehlerquote Antworten auf Problemstellungen geben. Das beschleunigt das Wachstum. Und natürlich war auch das damit verbundene Start- bzw. Wachstumskapital ein gewichtiger Grund. Ein Business Angel kann auch bei der weiteren Finanzierung des Unternehmens helfen.

Meine Erwartung an einen Business Angel ist …
Know-how, Fairness, Professionalität, Geduld, motivierende Impulse, Hilfe.

Die wichtigste Eigenschaft eines Business Angels ist …
Dass er sein Netzwerk gut einsetzen kann.

Die wichtigsten Gründe, Hansi Hansmann als Business Angel an Bord zu nehmen, waren …
Die Persönlichkeit von Hansi Hansmann, sein Know-how und sein unbeschreiblicher unternehmerischer Drive gekoppelt mit einer in diesem Umfeld einzigartigen Verlässlichkeit mit Handschlagqualität.

Als Business Angel würde ich …
Mein Wissen, ein Unternehmen zu bauen und zum Wachsen zu bringen, an die Gründer weitergeben, versuchen,

sie vor größeren Fehlern zu bewahren, und motivierender Impulsgeber sein, mein Netzwerk nutzen und versuchen, ein möglichst fairer und ausgleichender Partner zu sein.

Die persönliche Chemie mit Hansi Hansmann stimmt, weil ...
Er ein Freund ist, ein Mensch, der keine Scheuklappen aufhat, weil er den unterschiedlichsten Persönlichkeiten eine Chance gibt und er uns gegenüber immer mehr als fair war.

Für den Umgang mit Hansi Hansmann empfehle ich ...
Authentisch zu sein.

Was ich aus Fehlern als Unternehmer gelernt habe ...
Sei anspruchsvoll in der Wahl der Leute, die dein Unternehmen mitgestalten, gib nicht zu viele Anteile ab, verkaufe dich nicht unter Wert.

Business Angels wie Hansi Hansmann postulieren: Das Team ist wichtiger als die Idee. Was macht Ihr, um als Team erfolgreich zu sein?
Regelmäßiger Austausch, gute Kommunikation, professionelles Handeln, gute Vorbereitung, gute Umsetzung, versuchen, schnell gute Entscheidungen zu treffen, flexibel in der Anpassung der Gegebenheiten sein.

Das prägendste Erlebnis in der Zusammenarbeit mit Hansi war ...
Seine Einladung zu seinem letzten runden Geburtstagsfest. Ein toller, sehr farbenfroher und bodenständiger Abend

mit spannenden, vielen sehr unterschiedlichen, netten und wertvollen Menschen mit Persönlichkeit in der Nähe von Wien.

Dankbar bin ich für …
Sieben Jahre fruchtbare, erfolgreiche und einfach tolle partnerschaftliche Zusammenarbeit. Hansi Hansmann gibt einem so oft er kann das Gefühl, man sei sein Fokus. Sein Erinnerungsvermögen für viele Details und Zahlen ist beeindruckend.

9

Der Beteiligungsvertrag: Was Hansmann bei der Vertragsgestaltung wichtig ist

Worin unterscheiden sich die Verträge, die Hansi Hansmann abschließt, von einem „normalen" Beteiligungsvertrag? Bei wenigen, aber doch weitreichenden Punkten fordert Hansmann Zustimmungsrechte ein:

1. **Das Budget**
   Mit dem Budget wird alles Wesentliche geregelt. Der Business Angel investiert grundsätzlich in eine eingeschlagene, festzulegende Richtung, in einen bestimmten Business Case. Für den Fall, dass sich dieses Szenario verändert, d. h. dass anders entschieden wird, muss die Zustimmung des Business Angels eingeholt werden. „Das ist aber im Normalfall kein Problem", so Hansmann.

2. **Das Gehalt der Gründer**
   Die Gründer müssen so viel verdienen, dass sie davon leben können. Für Hansmann ist es der Normalfall, dass die Gründer unter dem Marktwert arbeiten. Marktwerte werden bezahlt ab dem Moment, in dem die Firma Cashflow-positiv ist, davor nicht. Eine gewisse Flexibilität ist aber notwendig: Es macht einen Unterschied – selbst wenn die Arbeitsleistung die gleiche ist –, ob ein 25-jähriger Student Geschäftsführerbezüge erhält oder ein 42-Jähriger, der verheiratet ist und zwei Kinder unterhalten muss.
3. **Die Informationsrechte**
   Die Rechte auf Informationen, die einem Shareholder sinnvoll eingeräumt werden sollen, sind von Start-up zu Start-up unterschiedlich und werden im Regelfall definiert und bei Bedarf auch angepasst. Meist geht es dabei um die Ziele, die erreicht werden müssen und denen, wie bereits erwähnt, bestimmte Key Performance Indicators (KPIs) hinterlegt sind. Das lässt sich üblicherweise in einem monatlichen ‚One-Pager' gut abdecken. Und es sollten nie Zahlen sein, die für den Angel produziert werden, sondern Zahlen, die das Team braucht, um den Projektfortschritt kontrollieren zu können. Dieser ‚One-Pager' wird laufend verbessert und entwickelt sich immer mehr zu einem professionellen Reporting (was ab einer bestimmten Firmengröße auch notwendig ist).
4. **Die Garantien**
   Hansmann verlangt meistens nur zwei bis drei Punkte, die garantiert werden müssen:
   Erstens: Die „IP Rights" (also das geistige Eigentum der Firma, wie Marken und Patente) müssen in

der Firma sein bzw. von der Firma gehalten werden. Hansmanns Erfahrung lehrt: Normalerweise ist das nicht der Fall, einmal hat der Gründer sie registriert, dann hat einer der Programmierer eine Domain auf seinen Namen. Klare Vorgabe: Das muss alles bereinigt sein, bevor Hansmann investiert. Das ist ihm in diesem Zusammenhang das allerwichtigste Anliegen – aus einem klaren Grund: Am Ende geht es etwa bei einem Tech-Start-up ausschließlich darum. Daher: Sollte es ein Patent geben, muss es von der Firma gehalten werden. Im Unterschied zu institutionellen Investoren macht Hansmann dabei aber keine klassische Due Diligence, sondern er lässt sich im Vertrag garantieren, dass die Intellectual Property der Firma gehört. Das ist aus seiner Sicht im Normalfall ausreichend. Pragmatisch betrachtet: „Wenn nach Vertragsabschluss was auftaucht, dann müssen die Gründer rasch dafür sorgen, dass das noch in die Firma kommt."

Zweitens: Die Gründer garantieren die korrekte Bilanz, die letzte Saldenliste und vor allem, dass es keine versteckten Verbindlichkeiten gibt. Wichtig dabei: Dass es nicht irgendwann ein Konto oder einen Kredit gibt, den einer der Founder unterschrieben hat und von dem die anderen nichts wissen.

Hansmanns Praxistipp: Er beauftragt für die Erstellung des Beteiligungsvertrages keinen eigenen Anwalt, sondern arbeitet immer mit dem Anwalt des Start-ups. Das schafft Vertrauen. Im Vorfeld schickt er eine Liste mit den Vorgaben, um die gewünschten Punkte im Vertrag auf eine faire Weise zu integrieren.

5. „Vesting" (die vorzeitige Rückgabe von Gesellschaftsanteilen)

Für Hansmann gilt: Egal wie hoch die Anteile der Gründer sind – wenn er investiert, fangen die Gründer aus seiner Sicht „virtuell" wieder bei null an. Was heißt das konkret? Die Gründer halten zwar ihre Anteile in der vereinbarten Größenordnung, aber wer vor einem bestimmten Zeitraum die Firma verlässt, der muss die Anteile bzw. einen Teil davon zurückgeben. Die Erfahrung zeigt: Dieser Punkt ist von außerordentlicher Bedeutung. Wenn ein Gründer sagt: „Ich kann (oder ich will) nicht mehr" und verlässt die operative Funktion, hält aber weiterhin beispielsweise seine 15 %, bedeutet das aus Sicht von Hansmann den „halben Tod für das Start-up". Die Erkenntnis ist: „Tote Gründeranteile machen in einer Firma alles viel, viel schwerer." Klare Vorgabe des Business Angels: Der- oder diejenige muss seine bzw. ihre Anteile zurückgeben. Mit diesen Anteilen versucht man dann für diese Position jemand anderen zu finden, gewissermaßen einen „Ersatzgründer" zu organisieren. Die Logik liegt auch darin begründet, dass für die Position des Gründers oft kein marktübliches Gehalt gezahlt wird, sondern die Person eben stattdessen Anteile hält. Der Fachausdruck für die Klausel der vereinbarten Rückgabe von Geschäftsanteilen bei Vorliegen bestimmter Voraussetzungen ist „Vesting", ein ganz wesentlicher Begriff in jedem Start-up.

In diesem Zusammenhang ist auch das nicht unwesentliche Thema des Option Pools zu erwähnen. Vorgabe von Hansmann ist, dass die Gründer einen Teil ihrer Anteile beiseitelegen und für zukünftige

Key-Mitarbeiter sozusagen als Reserve bereitstellen – meist in einer Größenordnung von 10 % bis 15 % der Anteile. Option Pools sind aus zwei Gründen notwendig: Die Gründer decken zwar vieles, aber oft eben nicht alles ab. Für den Fall, dass etwa zu einem späteren Zeitpunkt ein Finanzchef (CFO) oder Technikchef (CTO) benötigt wird, der auch Anteile möchte, ist dafür Vorsorge zu treffen. Damit einher geht im Regelfall auch der Vorteil, dass damit die Bereitschaft abgegolten wird, dass diese Person zu einem geringeren Gehalt als marktüblich arbeitet und dafür Anteile an der Firma hält, um am Wertzuwachs zu partizipieren.

Steuerlich ist das Thema „Option Pooling" zumindest in Österreich eine Herausforderung, die nicht leicht zu lösen ist, insbesondere, wie und von wem diese Anteile bis zu einem Neueinstieg in das Team zu halten sind, auch um steuerliche Nachteile zu vermeiden.

6. **Drag-along- und Tag-along-Klauseln**
Des Weiteren wichtig sind: „Drag-along"- und „Tag-along"-Klauseln, also Mitverkaufspflichten bzw. Mitverkaufsrechte. Will die Mehrheit der Gründer verkaufen, so ist dem zu entsprechen, zumindest, wenn bestimmte gemeinsam zu definierende Werte erreicht werden. Hansmanns Erfahrung in der Praxis: Selbst wenn der Business Angel anderer Meinung sein sollte, etwa weil aus seiner Sicht noch mehr Wertzuwachs möglich wäre, sollte dem Wunsch der Mehrheit entsprochen werden. Der Grund dafür ist lapidar: Wenn die Mehrheit der Gründer sagt, sie will aufhören, und man zwingt sie dazu, im Unternehmen zu bleiben, dann läuft es im Normalfall nicht mehr so gut weiter wie vorher.

Wie kann man das sicherstellen? Nachdem sehr oft ein Käufer auch die gesamten Anteile erwirbt – vor allem bei Start-ups –, ist sicherzustellen, dass nicht ein Shareholder mit einer Beteiligung von ein paar Prozenten sagt: „Nein, unter diesen Umständen verkaufe ich nicht!" Oft wäre damit der Verkauf gestorben. Hansmanns Empfehlung: Man verpflichtet alle Beteiligten, ihre Anteile mitzuveräußern, wenn zum Beispiel 51 % oder 60 % der Shareholder ihre Anteile verkaufen wollen.

Wichtig ist außerdem die Tag-along-Klausel. Dabei handelt es sich um das Recht, zu gleichen Bedingungen und zur gleichen Unternehmensbewertung mitverkaufen zu können, wenn ein anderer Gesellschafter seine Anteile verkauft.

7. **Milestones für Cash**

Ein erfahrener Business Angel setzt Hansmann, wenn er Geld investiert, auf sogenannte Milestones (Meilensteine), die dann auch einen Bestandteil des Vertrages bilden.

Ein Investment von 300.000 EUR wird im Regelfall nicht gleich im gesamten Ausmaß in der ersten Woche benötigt. Oft sind es zu Beginn beispielsweise nur 100.000 EUR, und weitere Zahlungen sind auf Basis von Milestones zu leisten. Hansmann definiert diese Milestones aber nicht als Ansporn für athletische Höchstleistungen, sondern eher als Möglichkeit, die Reißleine zu ziehen, wenn Ziele nicht erreicht werden können. Sollte sich etwa nach vier Monaten zeigen, dass das Geschäftsmodell vollkommen scheitert, dann schützt sich der Investor, indem eben erst die erste Tranche gezahlt worden ist und noch nicht das gesamte Volumen. Damit kann er auch sein Risiko auf eine faire Weise reduzieren.

Das Ziel der Milestones bleibt, so Hansmann, sicherzustellen, dass die Firma „on Track" ist.

8. **Keine Liquidation Preference**

Sollte die gemeinsame Firma zu einem niedrigeren Wert verkauft werden als ursprünglich gedacht, gibt es Investoren, die Vorsorge treffen, dass sie zunächst ihr gesamtes investiertes Geld zurückbekommen und erst dann der Rest aus dem Veräußerungserlös auf die Gesellschafter ihren Anteilen entsprechend aufgeteilt wird. Diese – im Fachjargon als Liquidation Preference bezeichnete – Vertragsklausel lehnt Hansmann ab. Seine Logik: Er will genauso behandelt werden wie der Founder. Er unterscheidet sich in diesem Punkt fundamental von Venture-Capital-Firmen, für die eine Liquidation Preference der Regelfall ist – nicht selten auch zu einem mehrfachen Wert für das eingesetzte Kapital. Für Hansmann ist dieser Mechanismus auch ein Grund, nur sehr vorsichtig Venture Capital an Bord zu nehmen. Eine Voraussetzung bildet auch hier die Verhandlungsebene „auf Augenhöhe", wie es Hansmann nennt, „bei einer Liquidation Preference ist das nicht mehr gegeben."

9. **Keine Downside Protection**

Ähnlich handhabt es Hansmann auch bei der sogenannten Downside Protection. Hier schützt sich der Investor davor, dass eine weitere Finanzierungsrunde später zu einer geringeren Bewertung durchgeführt wird. Ist das der Fall, ist der Investor so zu stellen, als hätte er bereits zu dieser niedrigeren Bewertung investiert (und bekommt damit nachträglich mehr Anteile). Bei Venture Capital als Standard üblich, wird es von Hansmann abgelehnt: Es wäre keine Gleichstellung mit den Gründern.

> **Die Checkliste für den Beteiligungsvertrag**
> 1. Ist ein Budget auf Basis eines konkreten Business Case festgelegt und fixiert?
> 2. Wurde eine klare Vereinbarung zum Gehalt der Gründer festgelegt?
> 3. Wurden Informationsrechte vereinbart?
> 4. Werden die IP Rights, die Bilanz und Saldenlisten garantiert?
> 5. Wurde die vorzeitige Rückgabe von Gesellschaftsanteilen vereinbart („Vesting")?
> 6. Wurden Drag-along- und Tag-along-Klauseln vereinbart?
> 7. Wurden Milestones fixiert?
> 8. Wird bewusst auf Liquidation Preference verzichtet?
> 9. Ist eine Downside Protection ausgeschlossen?

Interview: mediclass
Christoph Sauermann, Gründer

„Privat Medizin für alle" – Christoph Sauermann war jahrelang Manager in diversen Pharmaunternehmen und wollte beweisen, dass die Hürden und Probleme im Gesundheitssystem besser zu überwinden sind.

Meine Motivation als Unternehmer ist …
Entscheidungen zu treffen und umzusetzen.

Kann man Unternehmer sein lernen? Wenn ja, wie?
Ja, man kann alles lernen, wenn man an dem, was man tut, wirklich interessiert ist. Dann kommt die Begeisterung und wichtige Motivation, auch in schwiergen Situationen nicht gleich aufzugeben, sondern sich durchzubeißen.

Die wichtigsten Gründe, kein (!) Unternehmen zu gründen, sind ...
Fehlende Bereitschaft, Zeit und Energie zu investieren. Niedrigere Frustrationsgrenze. Perfektionist zu sein. Fehlende Teambereitschaft bzw. mangelnde Fehlerkultur. Schnell reich werden zu wollen.

Die wichtigsten Gründe, einen Business Angel an Bord zu nehmen, waren für mich ...
Know-how, Erfahrung, Netzwerk/Kontakte, Finanzierung und einen Sparringspartner für wichtige Entscheidungen zu haben.

Meine Erwartung an einen Business Angel ist ...
Nicht nur zu finanzieren, sondern aktiv bzw. bei wesentlichen Entscheidungen das Projekt zu unterstützen.

Die wichtigste Eigenschaft eines Business Angels ist ...
Fördern und fordern.

Die wichtigsten Gründe, Hansi Hansmann als Business Angel an Bord zu nehmen, waren ...
Er ist der *beste* und das Idealbild eines Business Angels.

Gelernt von Hansi Hansmann habe ich ...
Sehr viel. Strategisch, Verhandlungsgeschick, Netzwerk, Verhalten in schwierigen Situationen (Lösungsansätze).

Mein wichtigster Tipp für angehende Gründer ist ...
So schnell wie möglich am Markt sein und von Kunden lernen.

Als Business Angel würde ich …
Mein Bestes geben, das Projekt erfolgreich zu machen.

Die persönliche Chemie mit Hansi Hansmann stimmt, weil …
Er ein großes Vorbild ist und mich sehr unterstützt, erfolgreich zu werden.

Für den Umgang mit Hansi Hansmann empfehle ich …
Schnell auf den Punkt zu kommen.

Wichtige Fehler als Unternehmer, aus denen ich gelernt habe, sind …
Wichtig von dringend zu unterscheiden; lieber weniger perfekt, dafür schneller am Markt; Fokus, Fokus, Fokus.

Business Angels wie Hansi Hansmann postulieren: Das Team ist wichtiger als die Idee. Was macht Ihr, um als Team erfolgreich zu sein?
Regelmäßig austauschen und abstimmen, Fehler nicht als Kritik, sondern als wichtigen Teil zur Vermeidung in Zukunft sehen, gemeinsam Lachen bei Teamtreffen.

Das prägendste Erlebnis in der Zusammenarbeit mit Hansi war …
Wie unglaublich positiv orientiert Hansi selbst in schwierigsten Situationen Lösungen evaluiert und dann umsetzt.

Dankbar bin ich für …
Die Möglichkeit, meinen Traum zu verwirklichen und die Unterstützung von Hansi dabei zu haben.

10

Warum Hansmann nur sein eigenes Geld investiert

Es ist ein großer Unterschied, ob man fremdes Geld verwaltet oder eigenes Geld investiert. Hansmann investiert ausschließlich sein eigenes Geld. Seine klare Ansage: „Ich habe noch nie von irgendjemandem Geld genommen, um für diese Person zu investieren. Das würde ich auch nicht machen." Der lapidare Grund aus seiner Sicht: Nur eigenes Geld gibt die Flexibilität, die erfolgsfördernd ist. Außerdem dauert – sobald man fremdes Geld verwaltet – auch der ganze Entscheidungsprozess länger.

Auch was die Finanzierung von Start-ups durch Banken betrifft, hat Hansmann eine klare, auf den ersten Blick ungewöhnliche Meinung: Er persönlich lehnt es ab, wenn Banken Start-ups Geld gewähren. Der Grund dafür: „Banken sind denkbar ungeeignet, ein Investment in ein Start-up zu machen, weil sie darauf nicht spezialisiert sind." Abgesehen davon, dass seine Erfahrung lehrt, dass Start-ups eben mehr als „nur" Geld brauchen, stellt für Hansmann ein Investment in ein Start-up reines Risikoinvestment dar, das nicht von Banken, sondern von Privatinvestoren kommen soll. Seine konsequente Forderung: Steuerliche Incentivierung, also Anreize zu setzen, die Investition von privatem Risikokapital attraktiver machen.

Als Lead-Investor ist es für Hansmann sehr wichtig, sich nach den Gründern als erster Investor und – zunächst – ohne Co-Investoren zu beteiligen. Der Vorteil, den er sich davon verspricht: Es ist ihm sehr wichtig, eine Beziehung zu den Foundern aufzubauen, ein Sensorium für das zu entwickeln, „was da abläuft". Außerdem kann er unter diesen Umständen flexibel und spontan entscheiden, beispielsweise noch mal zusätzlich 50.000 EUR zu investieren. Mit Co-Investoren sinkt diese Flexibilität. Seine übliche Vorgehensweise ist, die erste Finanzierungsrunde alleine zu absolvieren, und nach ein bis eineinhalb Jahren, wenn es ein passendes Produkt gibt, wenn es Umsätze gibt, kümmert sich Hansmann in seiner Rolle als Business Angel um die Finanzierungsrunde – und eben, wie bereits ausgeführt, *nicht* die Founder! Hansmanns Erkenntnis: Wenn die Founder die Anschlussfinanzierung selber machen, bekommen sie entweder das Geld nicht, weil sie es noch nie gemacht haben und deshalb nicht wissen, wie so etwas geht, oder sie bekommen es – haben aber dafür sechs Monate lang nicht operativ für die Firma gearbeitet und die Firma hat dadurch an Wert und Zeit verloren!

Festzuhalten ist, dass der Ansatz von Hansmann, bevorzugt als einziger Business Angel zu investieren, im Vergleich zu anderen Business Angels eher ungewöhnlich ist.

Er begründet das auch damit, dass er einerseits vergleichsweise größere Beträge investiert, andererseits führt er auch zeitökonomische Gründe ins Treffen: Auch angesichts seines Portfolios von 40 Investments habe er weder die Energie noch die Zeit, sich bei der Willensbildung mit vielen anderen Gesellschaftern abzustimmen und zu synchronisieren. Als Empfehlung will er das aber nicht verstanden wissen. Investiert ein Business Angel – auch aus Gründen der Risikostreuung – bevorzugt „kleinere Beträge" – beispielsweise 50.000 EUR –, macht es auch aus Hansmanns Sicht durchaus Sinn, sich mit anderen zusammenzuschließen und gut aufeinander abzustimmen, um die Wirkung des gemeinsamen Engagements zu erhöhen.

Interview: Pioneers Andreas Tschas, Gründer

Pioneers ist die internationale Plattform für Technologie und Unternehmertum und hilft Leuten, (Geschäfts-)Beziehungen aufzubauen.

Meine Motivation als Unternehmer ist …
Die Welt positiv mitzugestalten.

Kann man Unternehmer sein lernen? Wenn ja, wie?
Unternehmer sind oft Problemlöser. Wenn man ein Problem löst, schafft man dadurch einen Nutzen. Im Grunde machen Unternehmer nichts anderes. Das heißt, wenn man als Kind oder Jugendlicher schon aktiv versucht, Probleme zu lösen, ist das ein erster Schritt in Richtung Unternehmertum.

Die wichtigsten Gründe, kein (!) Unternehmen zu gründen, sind …
Wenn man damit primär Geld verdienen will.

Die wichtigsten Gründe, einen Business Angel an Bord zu nehmen, waren für mich …
Geld und Know-how.

Meine Erwartung an einen Business Angel ist …
Von ihm wichtige Erfahrungen vermittelt zu bekommen.

Die wichtigste Eigenschaft eines Business Angels ist …
Empathie.

Die wichtigsten Gründe, Hansi Hansmann als Business Angel an Bord zu nehmen, waren ….
Seine Erfahrung, seine offene Art und der Wille, in junge Firmen zu investieren.

Gelernt von Hansi Hansmann habe ich ….
Wie wichtig das Team und der Zusammenhalt in einem Start-up sind.

Mein wichtigster Tipp für angehende Gründer ist …
Leute nicht primär nach Qualifikation, sondern nach Passion einzustellen.

Als Business Angel würde ich …
Firmen dabei helfen, die richtige Unternehmenskultur zu entwickeln.

Die persönliche Chemie mit Hansi Hansmann stimmt, weil …
Wir viele ähnliche Werte vertreten.

Für den Umgang mit Hansi Hansmann empfehle ich …
Immer offen die Probleme anzusprechen.

Wichtige Fehler als Unternehmer, aus denen ich gelernt habe, sind …
Ohne Vision geht es nicht. Es gilt für das Team eine klare Vision zu formulieren und diese Konsequent zu verfolgen.

Business Angels wie Hansi Hansmann postulieren: Das Team ist wichtiger als die Idee. Was macht Ihr, um als Team erfolgreich zu sein?
Offen kommunizieren, Stärken stärken, sich gegenseitig unterstützen und *never fuck up the culture*.

Das prägendste Erlebnis in der Zusammenarbeit mit Hansi war …
Als er uns in einer schwierigen Unternehmensphase ganz am Anfang unserer Reise 50.000 geschenkt hat, weil er an unsere Idee und unser Team geglaubt hat. Später wurde er dann auch unser Business Angel.

Dankbar bin ich für …
Die Erfahrung, die ich sammeln konnte.

11

Die Anschlussfinanzierung

Eine der wichtigsten Aufgaben des Business Angels besteht darin, im Rahmen der Anschlussfinanzierung Personen und Firmen zu suchen, die Geld in seine Start-ups investieren. Auch bei der weiteren Unternehmensentwicklung ist es essenziell wichtig, die richtigen Partner auszuwählen.

Hansmann unterscheidet verschiedene Phasen in der Anschlussfinanzierung: jene, in denen man sogenanntes „Smart Money" haben muss und braucht – es also nicht nur um das Geld, sondern auch um eine ganz bestimmte Expertise oder Know-how geht –, und jene Phasen, in denen man „bloß" Geld braucht. Wenn sich jemand beim Start-up mit Smart Money einbringt und man erwartet, dass Synergien entstehen, muss das gemeinsame Mindset besonders gut passen. Wichtig dabei ist, die Erwartungshaltung im Vorfeld zu definieren.

Besonders bei Start-ups kann die Entscheidung, an wen man sich – und unter welchen Umständen – bindet, für den langfristigen Erfolg von großer Bedeutung sein. Für Hansmann ist es eine gemeinsame Entscheidung des Business Angels und des Teams, mit wem man die nächsten Schritte gemeinsam geht. Er unterscheidet dabei drei Kategorien von Investoren, denen man auf der wirtschaftlichen Partnerbörse begegnen kann.

Erstens gibt es die Möglichkeit, Privatinvestoren in das Unternehmen zu holen. Ihre Eigenschaft: Sie merken, dass es gut läuft, und wollen gerne in junge Unternehmer investieren, ohne in alle Details des Business-Modells vordringen zu müssen, oft auch in Verbindung mit „smartem" Money (z. B. Verbesserung der Vertriebsstärke oder durch das Netzwerk zu potenziellen Kunden und Experten). Für Start-ups ist das meist das „leichteste und billigste" Geld, so die Einschätzung von Hansmann.

Oder man nimmt einen Venture Capitalist (VC) an Bord: Ein Venture Capitalist hat grundsätzlich ein ähnliches Ziel wie die Gründer, nämlich eine Wertmaximierung, allerdings mit ganz starkem Fokus auf den Exit. Klar muss dabei sein: Wenn ein VC in ein Start-up einsteigt, will er sein Geld mindestens verfünffachen, wenn es geht, sogar verzehnfachen. Sollte er diese Möglichkeit nicht sehen, dann wird er nicht investieren. Für ein Start-up gilt es daher zu beachten, welche Bewertungen man bei frühen Runden bei Privatinvestoren akzeptiert hat. Geht man hier in einer frühen Phase bei der Bewertung „zu hoch", verbaut man sich den Weg für Venture Capital.

Und es gibt den dritten Weg eines strategischen Partners. Ein strategischer Partner will potenziell irgendwann in einigen Jahren meist das Unternehmen zur Gänze übernehmen. Ein Vorteil kann dabei sein, dass ein Start-up – holt man den Partner sehr früh rein – über Synergien mit dem Partner schneller wachsen kann. Andererseits sind die Möglichkeiten eines potenziellen Exits damit oft sehr eingeschränkt. Hat man einen strategischen Partner in der Firma, ist es im Regelfall sehr schwer, diesen wieder loszuwerden, selbst wenn man einen anderen Käufer hat. Der Schlüssel dabei ist, so Hansmann, auch in diesem Fall den möglichen Exit vertraglich präzise zu regeln. Oft ist auch zu beachten, dass das grundsätzliche Interesse eines anderen Investors deutlich niedriger ausfällt, wenn er sieht, dass ein anderer strategischer Partner bereits beteiligt ist.

Hansmanns Tipp aus der Praxis: Er bringt im Regelfall unterschiedliche Investoren möglichst erst bei der Vertragsunterzeichnung zusammen, oft erst beim Notar. Er achtet dabei penibel darauf, dass die Beteiligten vorher nicht wissen, wer die anderen Investoren sind. Die taktische Überlegung: Natürlich hat es auch mit einem Gleichgewicht der Kräfte zu tun, wie weit sich mehrere Investoren in ihren Bedingungen untereinander absprechen können und damit Druck aufbauen können – oder ob das Unternehmen diese Bedingungen definieren kann. Hansmann gesteht offen, dass er es auch schon bereut hat, wenn ihm das nicht gelungen ist.

Interview: tractive
Michael Hurnaus, Gründer

„Pet Wearables" – das Unternehmen entwickelt Produkte und Apps für Haustiere und deren Besitzer, nachdem der Unternehmer selbst mit Freunden den ausgebüxten Hund eines Freundes gesucht hat.

Meine Motivation als Unternehmer ist …
Etwas zu schaffen, das es vorher nicht gegeben hat. Etwas zu entwickeln, das das Leben für manche Leute vereinfacht oder zum Positiven verändert.

Kann man Unternehmer sein lernen? Wenn ja, wie?
Ich denke, dass man sehr wohl bestimmte Business-Tasks erlernen kann, aber ein bisschen muss es einem doch in die Wiege gelegt sein. Viele erfolgreiche Unternehmer sind auch gute Verkäufer, eine der wichtigsten Eigenschaften eines Gründer-CEOs.

Die wichtigsten Gründe, einen Business Angel an Bord zu nehmen, waren für mich …
Es ist entscheidend, einen Business Angel zu haben, der, abgesehen vom finanziellen Beitrag, auch einen operativen Beitrag leisten bzw. Know-how einbringen kann. Das kann zum Beispiel Vertriebserfahrung, Deal-Erfahrung oder der Zugang zu einem Netzwerk sein. Eine gute Grundregel ist, zu überlegen: Würde ich dem Business Angel auch ohne finanzielle Beteiligung Anteile an meinem Unternehmen geben, um vom Know-how zu profitieren? Wenn die Antwort ja ist, ist es vermutlich ein guter Fit.

11 Die Anschlussfinanzierung

Meine Erwartung an einen Business Angel ist …
Dass er für das Unternehmen bzw. die Gründer da ist, wenn es Fragen oder schwierige Situationen gibt. Ein Business Angel soll natürlich auch Feedback zu Produkt oder Strategie geben, aber hauptsächlich beratend und nicht unmittelbar lenkend eingreifen.

Die wichtigste Eigenschaft eines Business Angels ist …
Zuzuhören und zu unterstützen, wenn es wichtige Entscheidungen zu treffen gilt.

Die wichtigsten Gründe, Hansi Hansmann als Business Angel an Bord zu nehmen, waren …
Hansi Hansmann ist nicht nur ein toller Business Angel, sondern auch ein grandioser Mensch und guter Freund. Seine jahrelange Erfahrung, wie Unternehmen aufgebaut werden und welche Herausforderungen sich Gründern stellen, hilft seinen Start-ups, wiederkehrende Fehler zu vermeiden. Neben seinen individuellen Investments vernetzt Hansi die Gründer seiner Lead-Investments zweimal jährlich beim Hansmänner-Treffen, ein unbezahlbares Asset, welches sicherlich mit ein Grund für Hansis Erfolg ist.

Gelernt von Hansi Hansmann habe ich ….
Dass es bei Verhandlungen und Business-Deals sehr oft auch um die persönliche Ebene geht, nicht nur um finanzielle Details oder Vertragsnuancen. Egal, mit welchem Investor oder potenziellen Investor Hansi gesprochen hat, er hat immer sofort einen persönlichen Draht gefunden und konnte seine Erfahrungskarte spielen.

Mein wichtigster Tipp für angehende Gründer ist …
Möglichst schnell einen „Minimum Viable Prototype" (wörtlich ein "minimal überlebensfähiges Produkt", Anm.) auf den Markt zu bringen und möglichst schnell erste Umsätze zu generieren. Sobald man den ersten Euro Umsatz gemacht hat, hat man eine Stellschraube, mit der man optimieren kann.

Als Business Angel würde ich …
Versuchen, wie Hansi zu agieren. Vielleicht ein paar weniger Investments machen als er.

Die persönliche Chemie mit Hansi Hansmann stimmt, weil …
Er immer ein Lächeln übrig hat und immer das Positive sieht.

Für den Umgang mit Hansi Hansmann empfehle ich …
Emoticons im Skype zu deaktivieren.

Business Angels wie Hansi Hansmann postulieren: Das Team ist wichtiger als die Idee. Was macht Ihr, um als Team erfolgreich zu sein?
Viele erfolgreiche Gründerteams haben eines gemeinsam: Es handelt sich um ein Team, das sich gut ergänzt und in welchem verschiedene Rollen gut abgedeckt sind. Beispielsweise ein Techniker und ein Wirtschafter, vielleicht noch jemand mit Design oder Marketing-Erfahrung dazu. Je ähnlicher die Fachbereiche der Gründer sind, desto eher kommt es im Laufe eines Start-up-Lebens zu Herausforderungen.

11 Die Anschlussfinanzierung

Das prägendste Erlebnis in der Zusammenarbeit mit Hansi war ...
Als wir gemeinsam zu Verhandlungen mit einem potenziellen Investor geflogen sind. Auf dem Flug hat mir Hansi erzählt, dass es genau das ist, was er so spannend an wachsenden Start-ups findet. Der Zeitpunkt, bei dem es darum geht, zu verhandeln und potenzielle Deals (Investment-Runde, Exit, ...) zu besprechen. Ich denke, Hansi Hansmann fühlt sich in diesen Situationen sehr wohl, weil er solche schon sehr oft erlebt hat, auch wenn es für ihn immer wieder ein Nervenkitzel ist. Auf derartigen Trips hat man als Gründer die seltene Chance, relativ viel 1:1-Zeit mit Hansi zu bekommen und so viel von seinem geballten Wissen aufzusaugen.

Dankbar bin ich für ....
Die letzten vier Jahre, in denen ich mehr oder weniger regelmäßig mit Hansi zusammenarbeiten durfte. Entscheidend hierbei ist für mich, dass ich weiß, dass ich Hansi zu jeder Tages- und Nachtzeit anrufen kann und er mir jederzeit mit Rat und Tat zur Seite steht. Ohne Hansi wäre tractive sicher bei weitem nicht so erfolgreich.

12

Von Unternehmern als Shareholder und Manager

In einem unmittelbaren Zusammenhang mit der Gründung von Unternehmen steht auch ein Thema, das immer wieder auftaucht: nämlich, dass der Punkt kommt, an dem man den Unternehmensgründern den Unterschied zwischen ihrer Rolle als Gesellschafter und jener als Manager zu erläutern hat.

Oft ist ein Gründer, der vielleicht in der Anfangsphase einen guten Job geleistet und das ganze Unternehmen auf die Beine gestellt hat, nicht der ideale CEO, um eine Firma mit über 30 Leuten zu führen. Hansmann weiß aus jahrelanger Erfahrung: „Das tut oft sehr weh und ist schwierig für viele Gründer, aber es ist Aufgabe des Business Angels, das rechtzeitig anzusprechen." Ein wichtiges Argument, das dabei helfen kann: Aus den 15 %, die der Gründer an der Firma hat, kann ein viel höherer und besserer Wert entstehen, wenn man jemand anderen als CEO einstellt, der den Job anders, besser – weil vielleicht mit mehr Erfahrung – macht als der Gründer. Hansmann: „Das sind meistens Gespräche, die sich auch in die Länge ziehen können, für die man sich aber Zeit nehmen muss."

Ein international bekanntes Beispiel in diesem Zusammenhang ist die Entscheidung der beiden Google-Gründer Larry Page und Sergey Brin, die im Jahr 2001 für das von ihnen gegründete – zu diesem Zeitpunkt vergleichsweise kleine, dennoch bereits sehr erfolgreiche – Unternehmen den ehemaligen Novell-Manager Eric Schmidt mit an Bord holten. Schmidt wurde Chief Executive Officer (CEO) und Page gab die Unternehmensführung ab, um sich auf die Produktentwicklung zu konzentrieren. In den folgenden zehn Jahren wuchs die Anzahl der Mitarbeiter von 200 auf über 24.000, Google entwickelte sich zu einem der wertvollsten Unternehmen der Welt – bis Page sich dann im Jahr 2011 ausreichend vorbereitet fühlt, das Ruder wieder zu übernehmen.

Ein passendes Beispiel aus dem Beteiligungsportfolio von Hansmann betrifft wie schon erwähnt whatchado (www.whatchado.com), eine Online-Karriere-Plattform. Bei whatchado sind nach eigenen Angaben mehrere tausend Personen in kurzen Video-Interviews abrufbar, die „von ihrem Werdegang und ihrem Leben erzählen". Der Anspruch ist dabei, Jobsuchenden berufliche Orientierung zu bieten und Unternehmen die Möglichkeit, sich als Arbeitgeber zu präsentieren.

Gegründet wurde das Unternehmen von Ali Mahlodji, der nach einigen Jahren der Aufbauarbeit und einer größeren Finanzierungsrunde für sich erkannt hatte, dass er die operative Geschäftsführung an einen Mitarbeiter übergibt und er sich lieber auf seine Aufgabe als „Chief Story Teller" und Markenbotschafter für das Unternehmen konzentriert.

Interview: whatchado
Jubin Honarfar, Gründer

„Mit uns findest du deine Berufung" – Menschen glücklich zu machen, indem sie den Beruf finden, der perfekt zu ihnen passt. Das ist die Vision von whatchado.

Meine Motivation als Unternehmer ist ...
Bestehendes zu hinterfragen und mit disruptiven Ansätzen Innovation zu erschaffen.

Kann man Unternehmer sein lernen? Wenn ja, wie?
Unternehmer sein bedeutet, über seine Grenzen zu gehen, risikofreudig zu sein und eine Idee zur Umsetzung zu bringen. Wenn man diese drei Positionen bezieht, dann kann man Unternehmertum erlernen.

Die wichtigsten Gründe, kein (!) Unternehmen zu gründen, sind ...
Sicherheitsdenken! Ungeduld! Einzelgänger zu sein!

Die wichtigsten Gründe, einen Business Angel an Bord zu nehmen, waren für mich ...
Freiheit in der Strategie und im operativen Tagesgeschäft zu bekommen. In ein bestehendes Netzwerk hineinzukommen. Auf Augenhöhe gemeinsam zu agieren.

Meine Erwartung an einen Business Angel ist …
In guten wie in schlechten Zeiten an der Seite der Gründer zu stehen. Aber auch die Gründer zu challengen, wenn das Gefühl vorhanden ist, dass das Unternehmen in eine falsche Richtung steuert.

Die wichtigste Eigenschaft eines Business Angels ist …
Einfühlungsvermögen.

Die wichtigsten Gründe, Hansi Hansmann als Business Angel an Bord zu nehmen, waren …
Er ist einfach ein großartiger Typ! Er identifiziert sich mit whatchado zu 100 Prozent, hat uns sein vollstes Vertrauen geschenkt und immer an das Team geglaubt!

Gelernt von Hansi Hansmann habe ich ….
Eine Opportunity zu erkennen!.

Mein wichtigster Tipp für angehende Gründer ist …
Sich auf einen Marathon vorzubereiten mit vielen Höhen und Tiefen! Ausdauer und ein starker Wille sind die Basiszutaten!

Als Business Angel würde ich …
Mein Investment, mein Netzwerk und meine Erfahrung zur Verfügung stellen.

Die persönliche Chemie mit Hansi Hansmann stimmt, weil …
Hansi die Ruhe in Person ist und immer auf Augenhöhe agiert.

Für den Umgang mit Hansi Hansmann empfehle ich …
Nicht um den heißen Brei zu reden, sondern auf den Punkt zu kommen. Und niemals eine Idee auf Papier zu übermitteln. Hansi liebt die digitale Welt! Lieber ein PDF schicken!

Wichtige Fehler als Unternehmer, aus denen ich gelernt habe, sind …
Strukturierte Prozesse können auch aufhalten. Prozesse da abschaffen, wo sie Hürden darstellen und Produktivität verringern.

Business Angels wie Hansi Hansmann postulieren: Das Team ist wichtiger als die Idee. Was macht Ihr, um als Team erfolgreich zu sein?
OKRs *(Objectives and Key Results)* einsetzen, um allen Teams und auch jedem einzelnen Team Member mehr Klarheit zu verschaffen hinsichtlich Zielsetzung und Umsetzung!

Das prägendste Erlebnis in der Zusammenarbeit mit Hansi war …
Das erste Aufeinandertreffen! Es war an seinem 60. Geburtstag und wir haben uns ca. eine halbe Stunde zu whatchado unterhalten, bevor er bei uns eingestiegen ist. Ich glaube, das war sein schnellstes Investment.

Dankbar bin ich für …
Die Möglichkeiten, die Hansi uns eröffnet hat! Und dafür, dass wir Teil der Hansmen Group – einer Gruppe von Start-ups, die gemeinsame Werte, ähnliche Ziele und alle den gleichen Business Angel teilen – sein können!

13

Hansmann, eine One-Man-Show oder: Selbstorganisation ist alles – im Kreise der Angel-Familie

Wie managt man als Einzelperson mehr als 40 Beteiligungen im Alltag? Hansmann überrascht viele seiner Gesprächs- und Geschäftspartner, wenn er erzählt, wie er sich und seinen Alltag organisiert: Er bucht seine Flüge selbst, verfügt über kein Sekretariat und scannt seine Belege ein. Und dennoch: Seine Mails beantwortet er im Regelfall binnen 24 h. Support gibt er seinen Start-ups laut eigenen Angaben nur in dem Ausmaß, wie sie es einfordern. Entsprechend wichtig sind im Alltag sein Smartphone und Selbstdisziplin in Verbindung mit klaren Vorgaben für seine Gesprächspartner: Termine sind während des Tages oft dicht gedrängt, Telefonate führt er bevorzugt abends, in dringenden Fällen ist er über Instant-Messaging-Dienste oder SMS erreichbar. Öffentliche Verkehrsmittel sind seine bevorzugte Art, sich fortzubewegen, weil es ihm auch erlaubt, während dieser Zeit Mails abzuarbeiten. Dieses Abarbeiten beruflicher Angelegenheiten „on the go" setzt für den begeisterten Mountainbiker natürlich eine Schar von unterstützenden Helfern voraus: von Anwälten, die Verträge vorbereiten, Steuerberatern, die ihm mit Rat und Tat bei Fragen zur Seite stehen, oder Experten für Unternehmensfinanzierungen – bei seinem Netzwerk von mehr als 40 Beteiligungen ist es selten das Problem, diese Ressourcen und Kompetenzen zu organisieren.

Hansmann versammelt seine Start-ups unter einer eigenen Dachmarke, der www.hansmengroup.com. Dazu gehören regelmäßige von ihm initiierte Treffen „seiner" Unternehmerinnen und Unternehmer. Im Mittelpunkt steht ein sehr vertrauensvoller Austausch, der den Gründerinnen und Gründern mit durchaus unterschiedlichem Hintergrund, aber ähnlichem Mindset ein smartes Vernetzen untereinander ermöglicht, sodass manche auch bereits von einem „ortsunabhängigen, virtuellen" Silicon Valley im Kleinen sprechen, das unter der Ägide von Johann „Hansi" Hansmann entsteht. Die Idee dabei ist, dass sich die gerne auch untereinander als *Hansmänner* oder *hansmen* titulierte Schar ohne Angst vor Konkurrenz gegenseitig Hilfe leistet, gemeinsam Problemstellungen diskutiert und von der Erfahrung der jeweils anderen profitiert. Dazu gehört mittlerweile auch, dass nach erfolgreichen Exits der eine oder andere mit Hansmann gemeinsam in weitere Start-ups aus der Gruppe investiert und somit zum Co-Angel wird. Fast so, als würde der Ober-Business-Angel eine Generation weiterer Angel heranziehen …

Interview: Anyline
Lukas Kinigadner, Gründer

„Mobile OCR technology" – *mit seiner Texterkennungs-Software hat das Unternehmen Anyline bereits Firmen wie Red Bull überzeugt und sieht Google als seinen ernstzunehmenden Wettbewerber.*

Meine Motivation als Unternehmer ist ...
Gemeinsam im Team die Welt nach vorne bringen!

Kann man Unternehmer sein lernen? Wenn ja, wie?
Das einzige was man nicht lernen kann, ist das Wollen! Wenn man wirklich will, dann kann man alles erreichen!

Die wichtigsten Gründe, kein (!) Unternehmen zu gründen sind ...
Geld.

Die wichtigsten Gründe, einen Businessangel an Bord zu nehmen, waren für mich ...
Die persönliche Unterstützung von einem erfolgreichen Unternehmer und der emotionale Rückhalt bei der täglichen Herausforderung als Unternehmer.

Meine Erwartung an einen Business Angel ist ...
Gegenseitige Sympathie, Partnerschaft auf Augenhöhe und Ehrlichkeit in der Kommunikation.

Die wichtigste Eigenschaft eines Business Angels ist …
Verständnis für Misserfolg und Leid.

Die wichtigsten Gründe, Hansi Hansmann als Businessangel an Bord zu nehmen, waren …
Dass Hansi Hansmann alle meine Erwartungen als Business Angel voll erfüllt und Anyline und mich beim Erreichen unserer Ziele voll unterstützt. Und: Dass ich Hansi persönlich sehr respektiere und sympathisch finde.

Gelernt von Hansi Hansmann habe ich …
Geduld, Demut, Verständnis für andere und gelegentlich volle Härte!

Mein wichtigster Tipp für angehende Gründer ist …
Einfach gründen!

Als Business Angel, würde ich …
…versuchen so wie Hansi zu sein.

Die persönliche Chemie mit Hansi Hansmann stimmt, weil …
Hansis persönliche Werte voll mit meinen Werten übereinstimmen.

Für den Umgang mit Hansi Hansmann empfehle ich …
Ehrlichkeit – der Rest kommt von selber.

Wichtige Fehler als Unternehmer, aus denen ich gelernt habe, sind …
Man muss konstant an sich arbeiten. Es gibt nur selten Platz für das eigene Ego.

Business Angels wie Hansi Hansmann postulieren: Das Team ist wichtiger als die Idee. Was machen wir, um als Team erfolgreich zu sein …
Gemeinsam am Ziel arbeiten und versuchen das Ziel zum gemeinsamen zu machen.

Das prägendste Erlebnis in der Zusammenarbeit mit Hansi war …
Wenn Hansi verhandelt. Hansi ist der beste Verhandler, den ich je kennen gelernt habe.

Dankbar bin ich für …
…alles im Leben. Auch für negative Ereignisse und schmerzhafte Momente, die gehören zum Leben dazu. Und natürlich, dass Hansi in Anyline investiert hat!

14

Interview mit Dr. Johann „Hansi" Hansmann

Hansi Hansmann hat seine Methode über Jahre mit und in Unternehmen entwickelt. In diesem Interview gewährt er persönlichen Einblick, über seine Motivation, seine Learnings, ob er selbst ein Start-up Gründer wäre und ob seiner Sicht der große Start-Up Hype vorbei ist.

In einem Satz: Worin unterscheidet sich die Hansmann-Methode von anderen?
Die „Hansmann-Methode" ist meine ganz persönliche Art, wie ich mit Start-ups und deren Gründern umgehe. Es ist das Ergebnis aus vielen Jahren Erfahrung als Angestellter, Top-Manager, Unternehmer und Investor, in unterschiedlichen Branchen, unterschiedlichen Sprachen und Kulturen und unterschiedlichen Wirtschaftsphasen. Sie funktioniert wirklich gut, vermutlich nur für mich.

Wenn ich einen wichtigen Punkt als Unterscheidung zu anderen „Methoden" nennen muss, ist es wohl mein sehr persönlicher Zugang zu meinen Gründern. Ich sehe mich nicht als Investor, sondern als Teil des Teams. Ich leiste meinen Beitrag aber auf eine andere Art als die Gründer (eben nicht operativ, sondern mit Geld und vor allem mit praktischen Ratschlägen und Hilfestellung auf einem sinnvollen Level). Um das tun zu können, muss ich die Gründer (und sie mich) aber mögen, sonst macht es mir keinen Spaß, dabei zu sein. Es ist eigentlich sehr simpel.

Kann man Business-Angel sein tatsächlich lernen?
Erfahrung im Geschäftsleben als Manager und Unternehmer, Menschenkenntnis und Hausverstand sind sicher Grundvoraussetzungen – andere Dinge muss man lernen. Dazu zählen das Umgehen mit den sich ständig ändernden Bedingungen in einem Start-up, und den dauernd am Anschlag arbeitenden Gründern. Weiters ist das Grundwissen, wie man ein Erstinvestment (und eine Folgefinanzierung) rechtlich über die Bühne bringt, ebenfalls hilfreich und erlernbar.

Du sprichst gerne als Teil deines Erfolgsgeheimnisses von der „Liebe zu Menschen". Ist das nicht etwas viel Pathos für eine in Wahrheit brutale Wirtschaftswelt, in der am Ende meist nur eines zählt: Money, Money, Money?
Big Money kann wohl niemals das Ziel einer Gründung sein. Es geht immer „nur" darum, ein Problem zu lösen und das auf möglichst innovative und skalierbare Art und Weise. Den Gründern, die das als Hauptmotivation

haben, dabei zu helfen, ihre Ziele zu erreichen und selber dabei was dazuzulernen ist an sich schon toll. Das geht nur mit einer großen Vertrauensbasis. Die oftmals üblichen Beziehungen zwischen Gründer und Investor, *da hast du mein Geld, aber ich kontrolliere sehr genau, was du damit machst,* hat große Reibungsverluste. Meine Gründer müssen wissen, dass sie sich auf mich verlassen können und mit – großen – Problemen jederzeit zu mir kommen können.

Deine Karriere ist für einen Start-up-Fan ungewöhnlich: von der Karriere als Angestellter zum Top-Manager zum Business Angel. Wärst du heute 25, würdest du ein Start-up gründen?
Mit großer Wahrscheinlichkeit würde ich das – obwohl ich weiß, wie unglaublich zäh und mühsam dieser Weg ist – und er ist in den meisten Fällen nicht mit Erfolg gekrönt. Aber es würde mir erlauben, schon in jungen Jahren ein relativ selbstbestimmtes Leben zu führen und Verantwortung zu haben.

Du bist in über 40 Start-ups investiert, betonst gerne, wie wenig wichtig Geld ist. Aber welches Zwischenresümee ziehst du ganz persönlich – auch wirtschaftlich?
Ich habe insgesamt schon über 20 „Exits" gemacht und habe ein sehr gutes wirtschaftliches Ergebnis erzielt, sonst hätte ich mir das „Business-Angel-Leben" nicht leisten können.

Wenn ich nur mein Start-up-Leben seit 2010 betrachte, mit den drei großen Exits runtastic, shpock und mySugr (und ein paar kleineren), habe ich auch da schon ein ordentliches Cash-Plus erzielt, selbst wenn ich alle neuen Investments auch dazuzählen würde. Wäre das nicht so, hätte ich in den letzten 2–3 Jahren sicher deutlich weniger investiert. So gesehen, ist Geld schon wichtig – es sollte bloß niemals die Hauptmotivation für ein Start-up Investment sein.

Grundsätzlich gefragt: Ist ein Investment in Start-ups eine taugliche Veranlagungsstrategie? Oder mehr ein Hobby für Menschen mit starken Nerven, die die Gefahr des Total-Ausfalls als Nerven-Kitzel schätzen?
Es ist sicher nicht für jeden als Direktinvestment, eigentlich sogar nur für ganz wenige, geeignet. Als Business Angel „veranlagt" man ja eigentlich nicht, sondern ist unternehmerisch tätig.

Die nächste Stufe sind wohl Investments von Angel-Gruppen, da verteilt sich die Verantwortung, den meisten würde ich aber eher empfehlen, in einen guten Fonds zu investieren, der den Bereich abdeckt, und ab und zu ein Co-Investment zu machen.

Als du bei 20 Start-ups beteiligt warst, hast du gesagt, das sei genug. Mittlerweile sind es mehr als doppelt so viele. Steigt die Bereitschaft, zu investieren, mit dem wirtschaftlichen Erfolg – oder hast du einfach ein großes Herz? Oder wird es zur Sucht?
Erstens wird es zur Sucht – die Auswahl der Start-ups und den Investitionsprozess habe ich für mich perfektioniert, denn Dealflow (die einlangenden Investitionsvorschläge, Anm.) habe ich ohnehin inzwischen im Übermaß.

Das ging irgendwie ganz leicht im Laufe der Zeit. Ein wenig ist mir um jedes Start-up mit super Gründern schade, wo ich das Potenzial gesehen und nicht investiert habe.

Zweitens habe ich durch meine Exits wieder „Spielkapital" dazubekommen und war deshalb auch in der Lage dazu, weiterzumachen.

Schaut man genau auf deine Investments, zeigt sich, dass du gerne als Erster investieren willst. Wann macht es für ein Start-up überhaupt noch Sinn, dich zu kontaktieren?
Es macht derzeit keinen Sinn mehr, mich zu kontaktieren. Die Erfahrung hat gezeigt, dass mich meine Start-ups mit der Zeit eher mehr als weniger brauchen, und wenn ich diejenigen in meinem Portfolio anschaue, die erst in die Phase kommen, wo sie mich viel brauchen werden, wird mir eh schwindlig. Aus reinem Selbsterhaltungstrieb habe ich seit Anfang 2017 kein neues Investment mehr gemacht und dabei bleibt es auch.

Dein Weg zum Erfolg war ja durchaus auch von wirtschaftlichen Rückschlägen geprägt. Welche waren die einprägsamsten und was hast du gelernt?
Mein größter „fail" – allerdings vor meiner Business-Angel-Zeit – war ein Investment im Jahre 2004 in einen riesigen Sportbar- und Disko-Komplex in Madrid. Es sollte das erste von zehn bis fünfzehn Lokalen in Spanien werden. Da habe ich tief daneben gegriffen, und zwar mit sehr viel Geld, in einer Zeit, als ich dachte, *ich kann alles,* also auch Gastronomie und Nightlife.

Da habe ich vier Jahre lang alle Hebel in Bewegung gesetzt und sehr viel probiert und dann schweren Herzens Schluss gemacht. Das kann ich als Erfahrung verbuchen unter *Suche dir die richtigen Partner, greif nichts an, von dem du gar keine Ahnung hast, zieh rechtzeitig die Reißleine, mach nichts, wo undurchsichtige Figuren dabei sind,* usw.

Ein knackiges Zitat von dir lautete: „Jedes Start-up ist im Prinzip dauernd bankrott, jedes Eigenkapital ist ja sofort aufgefressen. Das ist das Wesen eines Start-ups." Könnte man sagen, du kaufst dir gerne Sorgen ein statt faul wo am Strand zu liegen?
Ich bin kompetitiv und liebe die Herausforderung, ich spiele gerne und ich will unbedingt gewinnen. Start-up Investments in der Größenordnung, wie ich sie mache, sind allerdings schon ein ziemlich *großes Spiel*. Man muss, wie bei jedem Spiel, die Regeln beherrschen und auch akzeptieren, dass man nicht immer nur gewinnen kann. Letzteres fällt mir allerdings sehr schwer.

Kritische Stimmen mehren sich, die von einem Ende der Start-up-Ära reden. Trends wie selbstfahrende Autos, Crypto-Währungen, Virtual Reality würden wieder größere Einheiten bevorzugen. Haben es in einer gesättigten Smart-Phone-Welt kleinere Firmen künftig schwerer, die Branche zu verändern? Wie siehst du das?
Kurz gesagt: Natürlich verändert sich alles, und das immer schneller – so auch die Start-up-Welt. Ich glaube, dass es schwerer werden wird, *Unicorns* (also Start-up-Unternehmen mit einer Marktbewertung, vor einem Börsengang oder einem Exit, von über einer Milliarde US-Dollar,

Anm.) zu produzieren, Hardware wird wichtiger (und das ist schwerer skalierbar bzw. teurer), aber trotzdem wird ein großer Teil der Innovationen nach wie vor durch Start-ups kommen – funktionierende große Eco-Systeme, eventuell spezialisiert in Clustern, werden wichtig sein. Künftige Start-up-Gründer werden veränderte Bedingungen vorfinden. So what, such is life!

Befragt man „deine" Gründer über dich, so scheinen sie durch die Bank alle euphorisch. Woran liegt das? Was ist dein Geheimnis? Gehst du Konflikten aus dem Weg?
Wir versuchen gemeinsam – oft auch gemeinsam in der hansmengroup – Probleme zu lösen und geben nicht so schnell auf – ich auch nicht, ich stehe zu meinen Gründern, solange sie hinter ihrem Projekt stehen und dieses aus objektiver Sicht noch halbwegs Sinn macht. Das wissen meine Gründer und das gibt ihnen Kraft, und davon können sie nicht genug haben. Konflikten und Problemen gehe ich nie aus dem Weg, sie werden von mir zum frühestmöglichen Zeitpunkt angesprochen, aber immer mit dem ehrlichen Versuch, dabei fair alle Seiten in Betracht zu ziehen.

Warum sind Vesting-Klauseln für Gründer nicht unfair? Immerhin ist ohne Management das Projekt genauso wenig wert, gerade zu Beginn, wie ohne Geld der Business Angel? Sollte es für Angels auch Vesting-Klauseln geben, wenn sie kein Know-how einbringen?
Vesting-Klauseln für Gründer sind notwendig, da ein Gründer, der frühzeitig aus der Firma geht und nicht den Großteil seiner Anteile zurückgibt, fast immer den Tod des

Start-ups bedeutet. Meist sind die anderen Gründer letztendlich nicht bereit, zu einem niedrigen Gehalt – in der Hoffnung auf Wertzuwachs – auch für den ausgeschiedenen Gründer – mitzuarbeiten.

Vesting für Angels ist ein interessanter Aspekt. Üblicherweise bekommt der Angel seine Anteile aber nur für das Geld-Investment und die Gründer hoffen, dass er sonst auch noch hilfreich ist. Viele erkundigen sich im Markt bzw. bei anderen Start-ups über den Angel und können so sehr gut abschätzen, wie viel dieser Angel einbringen wird.

Meine Sicht ist, dass ich ja als Gesellschafter Teil des Unternehmens bin und daher ohnehin großes Interesse am Erfolg habe und alles dazu tun werde, dass dieser auch eintritt.

Welche Business Angels oder Unternehmer inspirieren dich?
Elon Musk als Unternehmer! Grundsätzlich bin ich davon überzeugt, dass die besten Business Angels erfolgreiche Start-up-Gründer sind. Je mehr wir davon haben, umso besser wird es für das gesamte EcoSystem werden, so lange, bis wir eine Dynamik haben, die nicht mehr aufzuhalten ist. So ist das Silicon Valley entstanden.

Was passiert mit der Hansmen Group, wenn Hansi Hansmann einmal nicht mehr will oder gar nicht mehr kann?
Hoffentlich habe ich Zeit genug, das Potenzial aller Start-ups möglichst auszuschöpfen, also entweder durch einen

erfolgreichen Exit oder durch ein Unternehmen, das nachhaltig profitabel und Cashflow-positiv ist. Dann stellt sich die Frage nicht.

Fragen, die auch deine Gründer beantwortet haben, wie antwortest du?

Meine Motivation als Business Angel ist …
Zusammen mit jungen, intelligenten, leidenschaftlichen Menschen voller Energie etwas Neues entstehen zu lassen, was es so vorher nicht gegeben hat. Und ich kann dabei sein.

Kann man Unternehmer sein lernen? Wenn ja, wie?
Das geht nur durch „tun" und dabei gilt: nicht aufhören zu lernen.

Die wichtigsten Gründe, kein (!) Unternehmen zu gründen, sind …
Wenn man das nicht wirklich will bzw. sich nicht stark genug dafür fühlt, sollte man es wohl besser bleiben lassen.

Die wichtigsten Gründe, einen Business Angel an Bord zu nehmen, sind …
Erfahrung, Know-how, Netzwerk und Coaching des Angels erhöhen die Erfolgswahrscheinlichkeit des Startups ungemein.

Meine Erwartung an einen Gründer ist …
… dass er oder sie leidenschaftlich an der Problemlösung arbeitet, sein bzw. ihr Ego nach hinten schiebt, Teamwork und vor allem Ehrlichkeit.

Die wichtigste Eigenschaft eines Gründers ist …
… nicht aufgeben.

Die wichtigsten Gründe, in die ersten 5 Hansmen-Gründer zu investieren, waren …
Ich mochte die Gründer beim ersten Gespräch, ich habe Leidenschaft, Potenzial und Leadership-Fähigkeiten gesehen und die Geschäftsidee war sexy, innovativ und skalierbar.

Gelernt von den Hansmen-Gründern habe ich …
… mich selber zurückzunehmen. Als Unternehmer/Manager mit 800 Mitarbeitern war ich gewohnt zu entscheiden. Als Angel berate ich und erkläre, wie ich es machen würde, aber entscheiden muss der Gründer.

Mein wichtigster Tipp für angehende Gründer ist …
Die richtigen, passenden Co-Founder, also Mitgründer, zu suchen.

Als Gründer würde ich …
… wahrscheinlich mehr Fehler machen als meine Gründer – ich bewundere sie immer wieder.

Die persönliche Chemie zwischen den Gründern und mir stimmt, weil …
… wir über alles offen und direkt kommunizieren und gegenseitiger Respekt und Wertschätzung da sind.

14 Interview mit Dr. Johann „Hansi" Hansmann

Für den Umgang mit mir (Hansi Hansmann) empfehle ich …
… ziemlich schnell zur Sache zu kommen. Geduld bei der Entscheidungsfindung ist nämlich nicht meine Stärke.

Wichtige Fehler als Business Angel, aus denen ich gelernt habe, sind …
… zu wenig auf mein Bauchgefühl gegeben zu haben. Obwohl ich das an sich viel mache.

Das Team ist wichtiger als die Idee. Was macht man als Angel, um im Angel-Gründer-Team erfolgreich zu sein?
Ehrlich und direkt kommunizieren, Handschlagqualität und Fairness predigen und leben.

Das prägendste Erlebnis in der Zusammenarbeit mit einem ersten Gründer war …
Die penible, ein wenig übertriebene Genauigkeit, mit der die „durchblicker" den recht komplizierten Beteiligungsvertrag mit mir verhandelt haben, mehr oder weniger Wort für Wort. Ich habe das mit einem gewissen Schmunzeln zur Kenntnis genommen und mir gedacht, wie sinnlos das sei, weil wir das ohnehin nie wieder anschauen werden. Das ist dann auch so eingetreten :-)

Dankbar bin ich für …
… meinen recht guten Gesundheitszustand und die Energie, die mir erlaubt, zu machen, was ich mache.

Das Autoren-Team bedankt sich

Ohne die vielen wohlwollenden Wegbegleiter bei der „Gründung" dieses Buch-Start-ups wäre dieses Kompendium wohl nie erschienen. Wir bedanken uns daher bei unseren Gesprächspartnern der Hansmen Group, der Austrian Angel Investors Association, Lorenz Strehl, Britta Eremit, Irene Buttkus, Katharina Harsdorf, Karl-Michael Molzer, Annelies Mantler, Stefanie Pingitzer, Marie Ringler und – last but not least – the one and only Hansi Hansmann.

Lisa Ittner und Florian Novak

Mehr unter:
www.hansihansmann.com
Mit besonderem Dank auch an Alex Kucera für das Webdesign.

Printed by Books on Demand, Germany

Printed by Books on Demand, Germany